PENSAMENTO BLINDADO

MARCIA LUZ
PENSAMENTO BLINDADO

**DESTRAVE O PODER
DA SUA MENTE COM
AFIRMAÇÕES POSITIVAS**

Luz da Serra
EDITORA

Nova Petrópolis/RS - 2021

Capa:
Rafael Brum

Produção editorial:
Tatiana Müller

Projeto gráfico
L Aquino Editora

Revisão:
Bruna Gomes Ribeiro

Ícones de miolo:
Freepik.com.br
Flaticon.com

Dados Internacionais de Catalogação na Publicação (CIP)

Lg79p   Luz, Marcia.
Pensamento blindado: destrave o poder da sua mente com afirmações positivas / Marcia Luz. – Nova Petrópolis : Luz da Serra, 2021.
152 p. ; 23 cm.

ISBN 978-65-88484-26-5

1. Autoajuda. 2. Pensamento positivo. 3. Autoestima. 4. Mudança (psicologia). I. Título.

CDU 159.947

Índice para catálogo sistemático:
1. Autoajuda   159.947
(Bibliotecária responsável: Sabrina Leal Araujo – CRB 8/10213)

Todos os direitos reservados. Nenhuma parte desta obra pode ser reproduzida ou transmitida por qualquer forma e/ou quaisquer meios (eletrônico ou mecânico, incluindo fotocópia e gravação) ou arquivada em qualquer sistema ou banco de dados sem permissão escrita da Editora.

Luz da Serra Editora Ltda.
Avenida Quinze de Novembro, 785
Bairro Centro - Nova Petrópolis/RS
CEP 95150-000
loja@luzdaserra.com.br
www.luzdaserra.com.br
loja.luzdaserraeditora.com.br
Fones: (54) 3281-4399 / (54) 99113-7657

Dedico este livro a todos os meus alunos, porque são eles que me dão motivos para estar atenta e blindar meus pensamentos quando escorrego para o mundo das crenças limitantes e sabotadoras.

Já não é mais apenas por mim; é por todas as pessoas que dependem de mim.

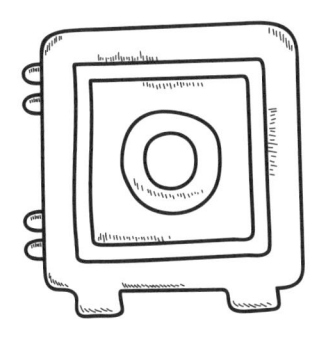

SUMÁRIO

Agradecimentos 10

Introdução 12

PARTE 1: ALICERCES PARA A MUDANÇA

Capítulo 1
Como funciona a sua mente 17

Capítulo 2
Os pensamentos constroem a sua realidade ....,........... 19

Capítulo 3
Mude seus pensamentos e altere o seu destino 21

Capítulo 4
Entenda o significado de vigiar e orar 24

Capítulo 5
Para que serve o pensamento-âncora? 30

Capítulo 6
O poder das afirmações positivas 34

Capítulo 7
Orientações para a jornada de 35 dias 36

PARTE 2: O PENSAMENTO BLINDADO NA PRÁTICA

Capítulo 8
Pensamento blindado para fortalecer a autoestima 40

Capítulo 9
Pensamento blindado para reforçar a saúde física
e o equilíbrio emocional 53

Capítulo 10
Pensamento blindado para alcançar
o perdão e curar as mágoas 63

Capítulo 11
Pensamento blindado para
conquistar bons relacionamentos 75

Capítulo 12
Pensamento blindado para viver
a prosperidade financeira 87

Conclusão:
É hora de recomeçar 99

Uma frase por dia para blindar o seu ano 103

Bibliografia consultada 147

Sobre a autora 149

AGRADECIMENTOS

Este livro nasceu da necessidade de ajudar os meus alunos e a minha audiência a construir a realidade que desejam por meio da blindagem de seus pensamentos contra as crenças limitantes e sabotadoras que destroem os sonhos mais preciosos.

Ele também é fruto da insistência do meu filho Guilherme Kretzer, que me convenceu de que eu já havia adiado demais esse projeto. Então, quero começar minha lista de agradecimentos por ele.

Agradeço ao meu filho Guilherme, teimoso como todo bom ariano, que não me deixa cair nas armadilhas da procrastinação.

À minha nora e filha do coração, Raffaella Bressi, que trabalha incansavelmente para dar forma às minhas ideias.

À minha equipe de trabalho, que faz tudo acontecer com garra, amor e diversão.

À equipe Luz da Serra, em especial às queridas Rackel e Luana, que fazem tudo com extremo empenho, amor e profissionalismo.

A todos os meus alunos do curso on-line Pensamento Blindado, que me fazem seguir adiante apostando na transformação de vidas.

Ao meu marido, Sergio Reis, que aprecia e comemora cada uma de minhas conquistas e que me faz acreditar que sou capaz quando perco minha autoconfiança.

Aos meus pais, que me ensinaram a sempre dar o meu melhor e não me conformar com resultados medíocres.

E, acima de tudo, a Deus, pelos dons com os quais me presenteou.

Gratidão por vocês me amarem até mesmo quando eu não mereço e se dedicarem a me ajudar a transformar sonhos em realidade!

INTRODUÇÃO

Quando você ouve a palavra "blindado", qual é a primeira coisa que vem à sua mente? Eu sempre me lembro daqueles carros blindados e protegidos contra possíveis danos ao condutor do veículo, usados principalmente por autoridades, chefes de Estado e pessoas influentes, para se protegerem de algum possível atentado.

A blindagem dos veículos, nesse caso, é uma proteção criada para resguardar você e seus familiares de possíveis agressores externos. Mas e se eu te disser que o maior risco que você está correndo em sua vida pode não estar do lado de fora, e sim do lado de dentro?

Já reparou como somos desatentos e vulneráveis aos nossos próprios pensamentos e não percebemos como eles moldam a nossa vida? Tudo começa em sua mente. Seus pensamentos são responsáveis por construir a sua realidade, e se existe alguma área em sua vida em que os resultados atingidos não são os desejados, saiba que foi você quem construiu esse exato cenário, plantando as sementes de pensamentos erradas.

Veja bem, eu não estou dizendo que você é *culpado* por sua vida não estar do jeito que gostaria. Não é uma questão de culpa. Contudo, você é o *responsável* por esse momento atual, o que não é uma má notícia, pois se é verdade que você construiu a vida que não deseja, então também é verdade que você tem poder para mudar essa realidade.

Pessoas investem milhões blindando carros, casas, fazendo apólices de seguros e planos de saúde para aumentar a sensação de proteção. No entanto, se esquecem de que o maior inimigo pode morar dentro de si mesmas, em suas mentes, promovendo ataques que, embora não sejam visíveis, são extremamente reais e destrutivos.

Se você consultar a Bíblia Sagrada, encontrará, em Filipenses 4.8-9, um trecho que nos alerta sobre a importância de proteger os nossos pensamentos, blindando-os contra as armadilhas da mente:

> *Amigos, o melhor que vocês têm a fazer é encher a mente e o pensamento com coisas verdadeiras, nobres, respeitáveis, autênticas, úteis, graciosas — o melhor, não o pior; o belo, não o feio. Coisas para elogiar, não para amaldiçoar. Ponham em prática o que aprenderam de mim, o que ouviram, viram e entenderam. Façam assim, e Deus, que é soberano, irá tornar real em vocês a mais excelente harmonia.*

A maioria de nós está tão acostumada a pensamentos de derrota, frustração, incapacidade e fracasso que não percebe mais o quanto se autoenvenena diariamente, detonando qualquer possibilidade de sucesso ou felicidade.

Saiba que nenhum pensamento vai habitar sua mente sem cobrar o preço: ou ele te ajuda, ou atrapalha. Não existe pensamento neutro. Por isso, é preciso aprender a filtrar seus pensamentos. Seja guardião da sua mente. Tenha cuidado com o que lê, assiste, escreve, fala e faz.

Se você não alimentar a sua mente com os pensamentos certos, que te impulsionam para construir a realidade que deseja e merece, certamente abrirá espaço para pensamentos negativos que destruirão sua autoestima e capacidade de realização.

Neste livro você vai aprender como se blindar dos pensamentos errados e ocupar sua mente com afirmações que o levarão para um novo patamar de resultados, com excelentes relacionamentos, saúde preservada, emoções equilibradas, vida financeira próspera e autoestima fortalecida.

E aí, preparado para blindar os seus pensamentos contra tudo o que pode prejudicar a sua vida e abrir espaço para pensamentos empoderados?

Então, vem comigo!

PARTE 1

ALICERCES PARA A MUDANÇA

1.
COMO FUNCIONA A SUA MENTE

Um dos temas mais estudados pela Humanidade é exatamente o funcionamento de nossa mente. Existe um livro do professor, psicólogo e cientista Steven Pinker, publicado em 1997, que é bastante elucidativo. Na obra *Como a mente funciona*, Pinker desenvolve uma descrição da mente a partir de duas vertentes: a biologia evolucionista e a revolução cognitiva, derivando de ambas uma psicologia evolucionista, cujo cerne considera a mente como resultado da evolução da espécie, visando satisfazer demandas humanas desde suas ancestralidades.

Nesse livro, Pinker explica que a mente, de modo geral, segue um padrão ancestral para processar as informações: como em um programa de computador, ela age em prol da sobrevivência. Isso significa que nem sempre as respostas da mente serão as mais adequadas, porque seu objetivo não é nos fazer felizes, prósperos ou realizados, mas garantir nossa sobrevivência a qualquer preço.

Outra questão importante para entender como a mente funciona é saber que, independentemente da situação, ela pode agir basicamente de duas formas: otimista ou pessimista. Segundo Carol S. Dweck, professora de psicologia na Universidade Stanford e especialista internacional em sucesso e motivação, a atitude mental com que encaramos a vida, que ela chama de *mindset*, é crucial para o sucesso, pois ele está diretamente relacionado ao modo como lidamos com os nossos objetivos. Se você opta por ter um *mindset* positivo, terá resultados espetaculares em qualquer área da vida.

2.
OS PENSAMENTOS CONSTROEM A SUA REALIDADE

A vida que você tem hoje é fruto de tudo o que plantou à sua volta. Entenda que pensamentos geram sentimentos. Se você pensa em coisas tristes, é assim que se sentirá; se alimenta ideias de raiva e vingança, prepare-se para materializar essas emoções dentro de você; por outro lado, se os seus pensamentos estão repletos de alegria, amor, fé e otimismo, assim também estará o seu coração.

Acontece que sentimentos se transformam em ações. Uma pessoa que alimenta pensamentos de medo sente-se desencorajada e agirá de forma comedida. Em contrapartida, alguém que nutre ideias de conquista e vitória sente-se destemido e agirá com ousadia.

Essas ações tendem a se repetir e se transformam em hábitos que passam a ocorrer com cada vez mais frequência, sem que haja um esforço extra de sua parte para acontecer. Segundo Charles Duhigg, autor do livro *O poder do hábito*, os gatilhos mentais fazem o cérebro buscar um modo automático para operar, o que resulta em um comportamento padronizado conforme as circunstâncias, e assim nascem os hábitos.

Seus hábitos definem o tipo de pessoa que você é, ou seja, seu caráter. Além disso, o seu caráter define o tipo de vida que você terá, ou seja, o seu destino. Isso significa que se a sua vida, hoje, não está exatamente da forma como você gostaria, é preciso mudar os seus pensamentos, pois foi lá que tudo começou.

3.
MUDE SEUS PENSAMENTOS E ALTERE O SEU DESTINO

Você já deve ter ouvido muitas vezes: se mudar os seus pensamentos, poderá alterar o seu destino. Parece bom, mas como podemos fazer isso? Com que tipo de alquimia mental podemos mudar os nossos pensamentos? A verdade é que não é assim tão fácil; o cérebro não é como um cômodo de uma casa onde podemos, a qualquer momento, retirar alguns móveis para colocar outros.

Todo o nosso universo psicológico tem uma extrema capacidade de se adaptar ao meio e de se acostumar, mesmo com as situações mais desagradáveis. Isso significa que aprendemos ao longo dos anos a ser resilientes, enfrentando adversidades e seguindo adiante. Os esquemas mentais são profundos, rígidos e muito pouco propensos à transformação espontânea, por mais que queiramos.

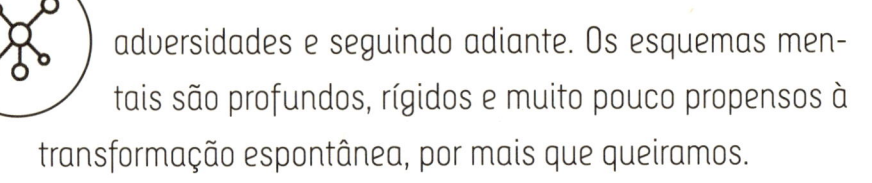

Transformar os pensamentos negativos em positivos não é algo que acontece de uma hora para outra. Tudo isso requer muito trabalho da nossa parte, uma habilidade delicada para quebrar padrões e desativar abordagens mentais.

Basicamente, somos capazes de mudar a partir de dois estímulos:

- forte impacto emocional;
- repetição contínua da nova programação mental.

Foi Frederic Charles Bartlett, professor de psicologia experimental da Universidade de Cambridge, que, por volta de 1920, falou pela primeira vez sobre os esquemas da mente e sobre algo que seria decisivo na terapia: o pensamento e a memória podem ser reconstruídos. Ele fez parte do que mais tarde foi definido como a revolução cognitiva, uma abordagem psicológica que se concentrava nos processos mentais humanos.

Mais tarde, foram desenvolvidas técnicas para a reestruturação cognitiva, onde, através de processos terapêuticos, os pensamentos negativos e irracionais (distorções cognitivas) são identificados e, depois, confrontados. O objetivo é substituir aquelas crenças que nos submetem ao sofrimento por outras mais assertivas, que nos permitam alcançar todo o nosso potencial.

Agora, não perca de vista que a mente humana é teimosa e vai resistir a olhar o lado agradável da vida, insistindo em focar nos aspectos mais sombrios, onde estão presentes as preocupações e a negatividade. É como se ela quisesse nos preparar para as piores possibilidades, acionando a vigília constante, para estarmos preparados para disparar o velho mecanismo de luta e fuga quando necessário e, assim, conseguir nos manter vivos frente a quaisquer ameaças físicas ou psicológicas.

Outro entrave que dificulta a reprogramação dos pensamentos é o fato de que emoção e pensamento sempre andam de mãos dadas, alimentando-se um do outro. Como podemos querer que a mente considere as coisas de forma diferente e pense em novas soluções quando estamos presos pelo medo, ansiedade ou tristeza?

O que podemos fazer para mudar isso? A resposta pode ser encontrada na Bíblia, no evangelho de Mateus, capítulo 26, versículo 41: "Vigiai e orai para não caíres em tentação". No próximo capítulo, vamos entender melhor o que isso representa em sua vida, ainda que você não tenha nenhum viés religioso.

4.
ENTENDA O SIGNIFICADO DE VIGIAR E ORAR

Eu devia estar nas aulas de catequese quando ouvi a passagem de Mateus 26:41 pela primeira vez. Como, na época, eu me preparava para receber a primeira comunhão, ainda não tinha a maturidade ou o conhecimento necessário para compreender o significado de "vigiar e orar para não cair em tentação".

Hoje, alguns anos depois, eu entendo que a primeira missão do ser humano é vigiar seus pensamentos, porque nosso maior inimigo está bem pertinho, dentro de nós mesmos, tentando sabotar nossa vida o tempo todo. De igual modo, porém, nosso maior aliado encontra-se no mesmo lugar — dentro de nós — e pode nos ajudar a construir a vida que desejamos e merecemos.

Mas qual desses dois seres terá mais poder? Aquele que você alimentar mais. Por isso vigiar os pensamentos é tão importante.

Acontece, porém, que a mente permite que os pensamentos corram descontroladamente, como uma torrente de água fluindo a toda velocidade. Nem sempre estamos cientes do que está acontecendo dentro de nós. É como tentar pegar a água com as próprias mãos: você estará fadado ao fracasso se fizer isso sem a estratégia certa.

A primeira coisa a se fazer para mudar seus pensamentos é detectar quais são exatamente aqueles que devem ser transformados. Em outras palavras, você precisa investigar quais são as ideias negativas e irracionais, as crenças limitantes e sabotadoras que estão bombardeando o seu universo psíquico com lixo tóxico.

Para isso, experimente ter este livro ao seu lado pelos próximos sete dias, e todas as vezes que tiver um pensamento que não esteja te impulsionando rumo à realização de seus objetivos e desconfiar que ele pode, inclusive, estar trazendo algum tipo de prejuízo para você, anote-o no espaço a seguir. Se o mesmo pensamento se repetir, registre quantas vezes isso ocorreu. Ao final dos sete dias você terá uma lista dos seus principais pensamentos sabotadores.

_____
_____
_____
_____
_____
_____
_____
_____
_____
_____
_____
_____
_____
_____
_____
_____

PENSAMENTO BLINDADO

MAS E AGORA, O QUE FAZER COM ESSES PENSAMENTOS NEGATIVOS?

Uma vez que eles foram detectados, está na hora de submetê-los ao seu juiz interior, para avaliar se eles trazem algum tipo de benefício para você ou se devem ser eliminados. Olhe para cada uma das frases que anotou e pergunte a si mesmo: "Esse pensamento faz sentido?", "É útil para mim?", "Se me causa sofrimento, por que o estou reforçando?", "O que eu deveria fazer com ele?"

É possível que você descubra que está se autossabotando há muito tempo, detonando sua autoestima e destruindo oportunidades que teriam te proporcionado uma vida muito mais feliz e próspera. A boa notícia, porém, é que sempre há tempo para mudar.

Se você percebeu que a sua mente está tomada de pensamentos negativos, está mais do que na hora de reformular esses pensamentos antigos e prejudiciais para transformá-los em ideias mais poderosas, otimistas e úteis. É hora de expurgar a negatividade da sua vida para dar lugar à assertividade.

É preciso mudar o seu foco, porque quando você muda, a realidade à sua volta transforma-se completamente. Isso acontece porque você se sente mais livre, mais confiante para tomar novas e melhores decisões. Munido com um novo estoque de pensamentos e sentimentos, você estará pronto para agir de maneira muito mais poderosa, construindo a vida que deseja e merece.

No próximo capítulo você irá aprender como fazer isso utilizando os pensamentos-âncora.

5.
PARA QUE SERVE O PENSAMENTO-ÂNCORA?

O tempo todo estamos expostos a estímulos externos, que podem tanto ser positivos e fortalecedores como abalar completamente nossa autoconfiança e autoestima. Lembre-se: a mente quer te proteger dos perigos externos e, para isso, costuma pintar o pior cenário possível sempre que você se depara com algo novo.

O ser humano tem cerca de 70 mil pensamentos por dia, e 80% deles são negativos, se você deixar sua mente funcionando no piloto-automático. Por isso, você precisa de técnicas que ajudem a proteger sua mente dos pensamentos negativos e sabotadores. Uma das técnicas mais poderosas para blindar seus pensamentos é o pensamento-âncora.

Mas o que vem a ser isso? O pensamento-âncora é um pensamento positivo que você escolhe conscientemente para te blindar diante de uma situação difícil, assustadora ou complicada. Ele vai impedir que o medo, a ansiedade ou o pessimismo tomem conta de sua mente e condenem você ao fracasso.

A técnica do pensamento-âncora foi criada pela apresentadora e palestrante motivacional norte-americana Mel Robbins, e tem como pressuposto a premissa de que tudo aquilo que você fizer, seja um desafio pessoal ou profissional, deve ser sempre guiado por um pensamento feliz que reforce ao seu cérebro que todos aqueles sintomas físicos, como boca seca, mãos úmidas, dor de estômago; ou sintomas psicológicos, como insegurança, medo e ansiedade; nada mais são do que reações de empolgação, e não de sofrimento.

Essa técnica consiste em treinar sua mente para se lembrar do seu pensamento-âncora previamente escolhido para aquele desafio, de tal forma que as reações físicas e psicológicas que surgirem no momento da situação serão interpretadas como um sinal de que você está no caminho certo. Com o seu pensamento-âncora você convence a sua mente a relaxar e passa, quase que instantaneamente, a sentir-se mais seguro e pronto para encarar qualquer desafio.

Imagine, por exemplo, que você terá de fazer uma apresentação em público diante de clientes importantes para a sua empresa. Para que os pensamentos negativos não tenham vez, a primeira coisa que você deve fazer é criar uma frase — seu pensamento-âncora — que sirva como um mantra mental, como esta: "Vou mostrar o diferencial da minha empresa e conquistar clientes fiéis".

Quando pensamentos negativos começarem a povoar sua mente — "Eu não estou preparado", "Eu não tenho o que é necessário", "Eles não vão gostar de mim", "Meu produto não é bom o bastante", "Eu deveria ter ensaiado mais" — e você começar a duvidar de si mesmo, e os primeiros sinais físicos da ansiedade aparecerem, conte até cinco de trás para frente (5-4-3-2-1), limpe a mente e repita para si mesmo quantas vezes for necessário: "Vou mostrar o diferencial da minha empresa e conquistar clientes fiéis". Imediatamente, você irá experimentar uma descarga de adrenalina e felicidade, e é esse sentimento de realização que levará o seu cérebro a entender que você está feliz, e não estressado.

Na segunda parte deste livro vamos aprender 73 afirmações positivas, ou pensamentos-âncora, para cada uma das áreas de sua vida, e você irá memorizá-las para que possa aplicá-las de acordo com a situação que estiver enfrentando.

Antes, porém, vamos entender os mecanismos de atuação das afirmações positivas, ou pensamentos-âncora, para que você aprenda a utilizá-los corretamente. E desde já vamos eleger um pensamento-âncora, um mantra, que será repetido diariamente por você e que funcionará como uma espécie de coringa, podendo ser utilizado em diferentes contextos, para empoderá-lo frente a qualquer desafio da vida.

Escolhi a frase a seguir a partir da letra de uma música do Geraldo Vandré, chamada *Pra não dizer que não falei das flores*.

O refrão da música diz o seguinte:
*"Vem, vamos embora, que esperar não é saber.
Quem sabe faz a hora, não espera acontecer."*

Pessoas com o pensamento blindado constroem sua própria realidade; são protagonistas, e não vítimas da vida. Por isso, nosso pensamento-âncora central será: "Eu faço acontecer".

A partir de agora, esta será a marca registrada dos leitores do *Pensamento Blindado*, o nosso grande diferencial. Então, repita comigo: **Eu faço acontecer!**

6.
O PODER DAS AFIRMAÇÕES POSITIVAS

A poderosa ferramenta que vamos utilizar para reprogramar sua mente para as coisas que você deseja realizar na vida são os pensamentos-âncora. Fazer afirmações positivas significa escolher conscientemente os pensamentos que serão alimentados e repetidos em sua vida HOJE, para construir o AMANHÃ que você deseja.

Isso significa que vamos, a partir de agora, plantar as sementes certas ao seu redor, para que em breve você possa colher os frutos que deseja para a sua vida. Se você quer prosperidade, por exemplo, vai começar a repetir a partir de hoje: "Sou muito próspero". Entenda que sua mente não diferencia o real do imaginário, e quando a mente consciente, que é o comandante do navio, ordena para a mente inconsciente que providencie a prosperidade, ela responderá: "Seu desejo é uma ordem, capitão!", e começará a trabalhar firme para providenciar tal estado de coisas.

Agora, não se iluda: velhos hábitos lutam para não desparecer e, por isso, sua mente tentará boicotar sua iniciativa de mudança com frases do tipo: "Que prosperidade, que nada; deixe de ser idiota! Olhe à sua volta; as dívidas só aumentam. Prosperidade não é para você."

Quando pensamentos como esse surgirem, não tente lutar contra eles nem se sinta derrotado. Apenas repita três vezes em voz alta: "CANCELA, CANCELA, CANCELA", e deixe-os partir como nuvens no céu. Então, feito isso, volte imediatamente a repetir as afirmações positivas.

Você enfrentará uma verdadeira batalha interna nesse processo, mas fique tranquilo, pois, agora que tem o método certo de reprogramação mental à sua disposição, você sairá vitorioso.

Então, repita em voz alta, sentindo-se realmente poderoso: **Eu faço acontecer!**

7.
ORIENTAÇÕES PARA A JORNADA DE 35 DIAS

Talvez você esteja se perguntando por que 35 dias. Bom, por muito tempo se acreditou que eram necessários 21 dias para instalar um novo hábito, mas descobriu-se que isso não é verdade.

Um estudo recente de Jane Wardle, da University College de Londres, publicado no *European Journal of Social Psychology*, afirma que para transformar um novo objetivo ou atividade em algo automático, de tal forma que não seja preciso termos força de vontade, precisamos de 66 dias, se for uma atividade complexa, e de 30 dias, se for algo mais simples, para encaixar a substituição de pensamentos negativos por outros empoderados. Nessa metodologia do pensamento blindado, optei por trabalhar com 35 dias e, de acordo com as minhas pesquisas, esse prazo tem funcionado perfeitamente.

Resumindo, você me dá alguns minutos por dia durante 35 dias para ajudá-lo a reprogramar sua mente com afirmações positivas e eu te dou o resultado. Veja, agora, como você deve realizar os exercícios.

Nós vamos trabalhar cinco áreas específicas na seguinte ordem:

1. Pensamento blindado para fortalecer a autoestima;

2. Pensamento blindado para reforçar a saúde física e o equilíbrio emocional;

3. Pensamento blindado para alcançar o perdão e curar as mágoas;

4. Pensamento blindado para conquistar bons relacionamentos;

5. Pensamento blindado para viver a prosperidade financeira.

Vamos trabalhar uma área por dia, durante os cinco primeiros dias. Em seguida, recomeçamos por mais cinco dias e assim sucessivamente, até repetirmos sete vezes a sequência e chegarmos ao 35º dia.

Em cada uma dessas áreas, você terá à sua disposição 73 frases para repetir diariamente. Como trabalharemos cinco áreas diferentes, você terá, ao final dos 35 dias, 365 frases poderosas e transformadoras à sua disposição.

Você pode fazer os exercícios diariamente, lendo o capítulo do livro correspondente ao dia em que está na jornada. Ao final dos 35 dias de reprogramação mental, você poderá iniciar uma segunda etapa de fortalecimento da sua mente, escolhendo uma única frase por dia para ser o seu pensamento-âncora. Como são 365 frases ao todo, você poderá continuar seu trabalho de reprogramação mental durante um ano inteirinho, apenas repetindo a frase daquele dia.

Então, vamos começar já! Porém, lembre-se de continuar repetindo o tempo todo nosso pensamento-âncora central e poderoso que já está mudando a sua vida para muito melhor: **Eu faço acontecer!**

Saiba que nenhum
pensamento vai habitar
sua mente sem cobrar o preço:
ou ele te ajuda, ou atrapalha.
Não existe pensamento neutro.
Por isso, é preciso aprender
a filtrar seus pensamentos.
Seja guardião da sua mente.
Tenha cuidado com o que lê,
assiste, escreve, fala e faz.

@MARCIALUZ.OFICIAL

#pensamentoblindado

PARTE 2

O PENSAMENTO BLINDADO NA PRÁTICA

8.
PENSAMENTO BLINDADO PARA FORTALECER A AUTOESTIMA

Vamos começar a blindar seus pensamentos trabalhando sua autoestima porque, enquanto você não se fortalecer internamente, não estará preparado para construir a vida que deseja e merece.

Jesus não deixou margem para dúvidas em um de seus principais mandamentos: "Amai a Deus sobre todas as coisas e ao próximo como a ti mesmo". Veja bem: Ele não disse "Ame primeiro ao próximo", ou "Ame mais ao próximo do que a ti mesmo". Também não disse "Ame bem pouquinho ao seu próximo, porque é assim que você faz com a sua própria vida". Ele também não disse para você amar primeiro os seus filhos ou o seu cônjuge.

Sabe por quê? Simples: ninguém dá o que não tem.

Uma mãe zelosa que renuncia a si mesma para dedicar-se aos filhos está cometendo um erro duplo: ensina-os a serem egoístas e entrega a eles amor de menor qualidade, uma vez que ela não se encontra fortalecida e plena como poderia estar se cuidasse de si mesma em primeiro lugar.

Foi pensando em tudo isso e observando a minha relação com minhas próprias filhas que descobri o mecanismo que batizei carinhosamente de a "Síndrome do papel-toalha". Deixe-me explicar do que se trata.

Quando minhas filhas Natália e Juliana eram mais novas, íamos passear no shopping e utilizávamos o banheiro público. No momento de lavar as mãos, elas nunca alcançavam o suporte do papel, que ficava muito alto, e eu, como mãe zelosa e dedicada que sou, entregava as toalhas de papel primeiro para elas, que as recebiam molhadas. Quando eu resolvi pensar primeiro em mim, elas passaram a receber as toalhas secas!

Lembre-se: **ninguém dá o que não tem.**

Citando outro exemplo, você lembra quais são as orientações de emergência que aeromoças dão antes de cada voo? "Em caso de despressurização da cabine, máscaras de oxigênio cairão automaticamente sobre você. Pegue uma delas, coloque sobre a boca e o nariz e respire normalmente. Se alguém ao seu lado precisar de auxílio, coloque a sua máscara PRIMEIRO".

E a pergunta que não quer calar, principalmente para os salvadores do mundo de plantão, é: "Mas e se a pessoa ao meu lado estiver precisando de ajuda?" A resposta é simples: primeiro coloque a sua máscara. "E se a pessoa ao meu lado for o meu filho de cinco anos de idade precisando de ajuda?" Coloque primeiro a sua máscara.

Sabe por quê? Porque se você atender primeiro o seu filho, e assim não tiver tempo de colocar a sua máscara e desmaiar, ele pode se desesperar e retirar a dele também, e você não terá mais condições de auxiliá-lo; mas se você já estiver bem, poderá ajudá-lo quantas vezes for necessário.

Ninguém dá o que não tem. Então, vamos iniciar o nosso trabalho de reprogramação mental fortalecendo a sua autoestima e autoconfiança. Quando me refiro à autoestima, entenda como aquilo que você pensa acerca de si mesmo. Se você pensa coisas boas, se entra em contato com suas qualidades e virtudes, terá uma autoestima positiva. No entanto, se você foca sua atenção em seus defeitos e erros, se sentirá cada vez mais enfraquecido e perderá toda sua autoconfiança, construindo uma autoestima completamente rebaixada.

Quer ver uma coisa curiosa? Você nasceu com uma autoestima bastante fortalecida. Sabe como eu sei disso? Porque esse processo acontece com todos nós. Observe as crianças: elas dançam, cantam, pulam e se divertem, achando lindo tudo o que fazem, sem barreiras para a própria imaginação. Elas sabem que são filhas de Deus, e o nosso Deus não comete erros.

Se você perguntar para uma criança o que ela quer ser quando crescer, ouvirá coisas do tipo: bailarina, astronauta, jogador de futebol. Tudo para elas é possível; o céu é o limite. Porém, não vai demorar muito para que essa criança entre em contato com adultos que vão mostrar a ela que as coisas não são tão fáceis, que a vida é dura e que sonhos são pura perda de tempo. E assim ela vai perdendo sua autoconfiança e o amor-próprio — mas a partir de hoje vamos mudar isso e resgatar a criança linda e amada que você já foi um dia.

Você já aprendeu que é SEU o poder de escolher seus pensamentos. Se você pensa coisas agradáveis a seu respeito, se nutre pensamentos de carinho acerca de si mesmo, terá cada vez mais motivos para se regozijar, então é isso o que vamos fazer, combinado?

A partir de hoje você escolherá novas palavras para utilizar acerca de si mesmo e, com isso, abrirá as portas para que muitas bênçãos comecem a chegar em sua vida. Lembre-se: **Eu faço acontecer!**

AFIRMAÇÕES POSITIVAS (PENSAMENTO BLINDADO) PARA FORTALECER SUA AUTOESTIMA

1. Eu amo cada detalhe do meu corpo. Me olho no espelho e vejo uma pessoa incrível e maravilhosa.

2. Eu sou capaz de realizar qualquer coisa que desejar porque tenho força de vontade e estou sempre em busca do meu aprimoramento.

3. Eu tenho valor e aceito ser tratado com amor, carinho, compreensão e cuidado. Mereço tudo o que há de bom neste mundo.

4. As coisas sempre dão certo em minha vida. Em qualquer lugar e em qualquer situação, eu sempre me dou bem.

5. Eu mereço ser uma pessoa bem-sucedida, feliz e realizada. Aceito todas as coisas boas que o universo tem para me oferecer.

6. Eu amo a minha própria companhia. Sou uma pessoa alegre, tranquila e ilumino os ambientes por onde passo, por isso estou sempre em paz comigo mesmo.

7. Vou alcançar todos os meus objetivos e sonhos, pois sou uma pessoa focada e dedicada que sempre vai atrás do que quer.

8. Eu posso fazer tudo o que quero, independente da minha idade, porque sou uma pessoa inteligente e capacitada.

9. Sou um ser humano interessante, carismático e amigável, por isso as pessoas à minha volta adoram conversar comigo.

10. Eu sou capaz. Vivo num mundo onde todas as pessoas são realizadas e conseguem alcançar seus objetivos.

11. Meus pais sempre tiveram orgulho de mim, pois sou uma pessoa dedicada, educada, responsável e respeitosa.

12. Estou em busca da minha evolução pessoal e profissional, pois sei que sempre posso ser alguém melhor.

13. Eu mereço ser amado, ter dinheiro e ser bem-sucedido, pois sou uma pessoa do bem e o universo me recompensa com as melhores coisas.

14. Eu nasci para ser feliz. Tudo dá certo em minha vida, estou sempre envolvido por bons pensamentos e por isso a felicidade faz morada em mim.

15. Eu sigo meus próprios interesses, vou em busca das coisas que quero e todas as pessoas com quem tenho algum tipo de relacionamento ficam felizes por mim.

16. Sou uma pessoa transparente e verdadeira, por isso as pessoas ao meu redor se aproximam e gostam de mim.

17. Sou capaz de cuidar de mim, pois o amor, o cuidado e a atenção fazem parte da minha rotina diária com o meu ser.

18. Todos os dias eu posso recomeçar. Sou capaz de realizar qualquer coisa, pois sou esperto, inteligente e sei que posso ir além.

19. As coisas só melhoram à minha volta. Vivo num ambiente agradável, feliz, com pessoas boas, e o universo continua trazendo mais coisas positivas para a minha vida.

20. Todos à minha volta me elogiam e reconhecem a pessoa maravilhosa que sou, pois eu irradio minhas qualidades intrínsecas.

21. Todos os obstáculos que já enfrentei em minha vida me encorajaram e impulsionaram para ser alguém mais forte e persistente.

22. Minha felicidade depende de mim, por isso busco ser a minha melhor versão para que consiga realizar todos os meus sonhos.

23. Eu consigo aprender sobre tudo o que desejo saber, pois tenho uma excelente capacidade mental e uma memória muito boa.

24. Sou uma pessoa organizada. Eu traço metas, trabalho para que elas se realizem e tudo se concretiza.

25. Eu posso, eu consigo e eu realizo. A dedicação e a disciplina são meus mantras, por isso o universo está sempre a meu favor.

26. Sou uma pessoa amigável e sociável, por isso estou sempre rodeado de amigos e de pessoas que querem o meu bem.

27. Estou destinado a ter uma vida de sucesso e a ser um profissional incrível, e minha família me apoia e me motiva.

28. É possível viver do que se ama. Sou uma pessoa realizada com meu trabalho, amo o que eu faço e sou recompensado por isso.

29. Eu supero todas as expectativas que meus pais colocaram sobre mim. Sou um ótimo filho, bem-sucedido e dou apenas orgulho para eles.

30. Dou atenção às minhas próprias necessidades e busco satisfazê-las, pois eu mereço o melhor.

31. Sou capaz de enfrentar minhas batalhas, me salvar dos percalços da vida e cuidar de tudo.

32. Eu posso me virar sozinho. Sou bem-sucedido, inteligente, focado, organizado e capaz.

33. Vivo o presente, por isso faço o que tenho vontade hoje e agora, porque o meu tempo é valioso e eu aproveito cada segundo do dia.

34. Sei como resolver qualquer problema que surgir no caminho, pois tenho um ótimo raciocínio e planejo bem as coisas.

35. O progresso faz parte da minha vida. Estou em busca do meu aprimoramento e sou recompensado por isso.

36. Eu me destaco na multidão. Sou uma pessoa que exala competência, inteligência, dedicação e sirvo de inspiração para os outros.

37. As pessoas reconhecem o meu trabalho, pois sou um ótimo profissional, sempre dou o meu melhor, faço um excelente trabalho em equipe e abraço todos os planos.

38. Eu reconheço minhas qualidades e sei que posso conquistar tudo o que quero por meio delas.

39. Quando me olho no espelho, fico feliz de ver a pessoa que me tornei e transbordo amor-próprio.

40. Todos os dias eu me surpreendo com a minha incrível capacidade de executar as tarefas que me são passadas. Sou ótimo no que faço.

41. Meus sentimentos e opiniões têm valor e merecem atenção. Eu reconheço a importância que tenho.

42. Palavras e pensamentos positivos sobre mim me motivam a ser uma pessoa melhor, por isso mantenho minha energia apenas em coisas boas.

43. Eu escolho ser uma pessoa positiva, alegre, amiga, amorosa, gentil, dedicada, focada e bem-sucedida.

44. Quando penso a meu respeito, só encontro qualidades, pois a minha energia e vibração estão sempre positivas sobre quem sou.

45. A vida dá mais do mesmo, por isso cultivo em mim apenas amor, carinho, atenção e compreensão.

46. Eu gosto da minha aparência e me amo do jeito que sou. Isso transborda de mim fazendo com que as pessoas à minha volta me enxerguem da mesma maneira.

47. Eu aceito todos os elogios que amigos e familiares me fazem e agradeço pelos momentos de reconhecimento.

48. As pessoas gostam de mim. Todos os dias eu me sinto rodeado de amor e carinho e sei que minha existência faz diferença na vida delas.

49. As situações estão sempre favoráveis para que eu conquiste meus sonhos, pois tenho diálogos internos positivos que abrem as portas para mim.

50. Eu gerencio minha mente e meus pensamentos, pois eles são meus aliados na conquista dos meus sonhos e propósitos.

51. Escolho ter apenas pensamentos positivos sobre quem sou, porque eles me fazem crescer ainda mais como ser humano.

52. Sou uma pessoa generosa e bondosa comigo mesma; por conta disso, minha autoestima está sempre elevada.

53. Tenho maturidade para aprender com os novos desafios, por isso estou sempre me superando e me tornando mais inteligente.

54. Tenho a mente aberta, por isso as pessoas gostam de conversar comigo e estar perto de mim. Sou um bom amigo e as pessoas reconhecem isso.

55. Eu sou feliz e me importo com a felicidade das pessoas que me cercam, ajudando-as a conquistarem seus sonhos também.

56. Todas as coisas que já aconteceram na minha vida me moldaram a ser a pessoa que sou hoje: feliz, realizada e bem-sucedida.

57. Tenho consciência da minha capacidade, pois tudo o que eu faço é executado com amor e dá certo.

58. Eu amo a minha companhia e meus pensamentos, por isso sou feliz comigo mesmo, gosto de apreciar as qualidades que tenho.

59. Escolho me cercar apenas do que me faz bem, pois mereço ter uma vida repleta de felicidade.

60. A forma como eu me trato, me cuido e me amo faz com que as pessoas me tratem da mesma maneira.

61. Sou uma pessoa corajosa. Onde os outros veem barreiras eu enxergo possibilidades e aprendizados.

62. Sou uma pessoa agradável, por isso adoro ficar comigo mesmo, fazendo as coisas que gosto e curtindo minha própria companhia.

63. Eu tenho a altura ideal e o formato de corpo certo, pois cada detalhe em mim foi planejado perfeitamente por Deus.

64. Eu escolho esquecer todos os momentos que alguém ofendeu meu corpo e me aceito do jeito que sou.

65. Eu limpo minha mente de todos os pensamentos negativos que me fizeram duvidar da minha capacidade.

66. Sou bom em todas as áreas da minha vida. No amor, na família e no trabalho, todos reconhecem o meu valor.

67. Eu sou amado, valorizado e aceito exatamente do jeito que sou por todos à minha volta.

68. Em todos os ambientes que vou, as pessoas se sentem felizes com a minha presença, pois sou agradável e emano coisas positivas.

69. Sou inteligente, por isso me saio bem em todas as conversas e sempre sei o que dizer.

70. A cada ano que passa me sinto melhor com o meu eu, pois cada detalhe em mim serve como lembrete das maravilhas que consegui e como cheguei até aqui.

71. Eu sou merecedor e tenho o direito de usufruir de todas as coisas incríveis que o universo tem para me oferecer.

72. Eu bloqueio qualquer pensamento negativo que tentar entrar na minha mente.

73. Eu escolho entrar na frequência certa e com a vibração elevada, para construir uma vida próspera e feliz.

9.
PENSAMENTO BLINDADO PARA REFORÇAR A SAÚDE FÍSICA E O EQUILÍBRIO EMOCIONAL

Sim, você constrói a sua saúde física e emocional, e se ultimamente vem adoecendo, é preciso entender como e por que isso acontece.

Existem diversos fatores que podem desencadear o aparecimento dos sintomas de uma doença, no entanto o único responsável pelo seu surgimento é o próprio doente. Veja bem, eu não estou falando de culpa, e sim de responsabilidade. Você adoeceu porque escolheu os pensamentos, hábitos e atitudes erradas, o que não é motivo para se sentir culpado, pois você não tinha a mínima noção de que estava fazendo isso. A boa notícia é que, ao mudar seus pensamentos, você será capaz de construir sua saúde e bem-estar.

Toda cura física passa necessariamente pela cura emocional, e todo trabalho de cura emocional tem como pilar central o AMOR. Isso mesmo. Todos os desequilíbrios do fluxo emocional escondem uma falta de amor por você mesmo, pelas pessoas à sua volta, pelo mundo ou pela própria vida.

A partir de hoje, você verá que saúde não é uma questão de ter herdado a melhor genética, e sim de equilibrar suas energias e lidar corretamente com suas emoções.

Sempre que um sintoma aparecer, pergunte a ele qual é a informação valiosa que está procurando trazer à tona acerca de suas atitudes.

Para aprofundar ainda mais esse assunto, conheça meu curso on-line *A gratidão transforma sua saúde* e tenha acesso a 33 exercícios que ajudarão você a restabelecer sua saúde física e emocional. Acesse pelo QR Code ao lado:

Alimente bons pensamentos, mude seus hábitos de saúde e conquiste uma vida plena até o último dia de sua vida longa e feliz. Lembre-se: **Eu faço acontecer!**

AFIRMAÇÕES POSITIVAS (PENSAMENTO BLINDADO) PARA REFORÇAR A SAÚDE FÍSICA E O EQUILÍBRIO EMOCIONAL

1. A cada dia que passa me sinto mais jovem, revigorado e vivo. Sinto que posso fazer tudo o que eu quiser.

2. Eu tenho uma ótima capacidade de concentração. Sou capaz de dedicar todo o meu tempo e a minha atenção a qualquer coisa que eu me propuser fazer.

3. Sou uma pessoa feliz porque sei que vícios são inexistentes em minha vida e vivo plenamente sem eles.

4. Minha família se orgulha de mim, pois sou uma pessoa com hábitos saudáveis e que não possui nenhum tipo de vício.

5. Eu faço escolhas saudáveis e inteligentes para a minha vida.

6. Tenho capacidade, dedicação e disciplina para ter o corpo que desejo. Sei que comendo coisas saudáveis e praticando exercícios físicos minha vida será melhor.

7. Sei que posso ter o corpo que eu desejar, basta eu me cuidar e me amar.

8. Minha alimentação é saudável. Eu como coisas que só fazem bem ao meu corpo e me exercito diariamente.

9. Tenho o metabolismo rápido, por isso meu corpo está sempre do jeito que desejo.

10. Eu como as coisas de que gosto e meu corpo se mantém forte e saudável, pois me cuido e ingiro os alimentos na medida certa.

11. Sou resistente e tenho uma boa imunidade. Posso sair à noite em dias frios e o meu corpo permanece firme e forte.

12. Posso viver sem remédios em casa. Meu corpo tem sua autodefesa e eu posso me curar das enfermidades.

13. Vivo tranquilo e alegremente fazendo tudo o que desejo e indo aos lugares de que gosto, pois sei que estou sempre saudável.

14. Acredito que vou viver por muitos anos, pois sempre tive hábitos saudáveis e minha família também tem uma boa genética.

15. Em minha família todos são saudáveis e resistentes, e isso me deixa tranquilo, porque acredito que serei igual a eles.

16. Sou uma pessoa sempre repleta de saúde e consigo me alimentar com as coisas de que gosto.

17. Sou uma pessoa alegre, divertida e de bem com a vida. Minha mente está sempre na vibração certa.

18. Sou uma pessoa que adora ler sobre os avanços que a Medicina alcança a cada dia.

19. Meu corpo é saudável e minha mente é focada apenas em pensamentos construtivos.

20. Sou capaz de relaxar e me divertir com meus amigos e familiares sem ingerir qualquer tipo de substância estimulante.

21. Posso ser feliz, brincar, interagir e me soltar em qualquer ambiente sem ter que tomar alguma bebida alcoólica.

22. As festas das quais escolho participar são muito divertidas. A alegria depende somente de mim.

23. Posso comer tudo o que desejar sem extrapolar, pois meu corpo me avisa quando já estou satisfeito.

24. Coloco no prato a medida certa do que vou comer. O desperdício e a gula não fazem parte da minha vida.

25. Sou uma pessoa ativa. Estou sempre de bem com meu corpo e procuro praticar atividade física todos os dias.

26. Adoro exercícios físicos, pois a cada vez que os pratico sinto meu corpo mais vivo, fortalecido, e as coisas à minha volta fluem de maneira mais positiva.

27. Sou uma pessoa forte e resistente. Sei que posso fazer caminhadas, pedalar e passear mantendo a energia em alta.

28. Tenho coordenação motora. Sou uma pessoa habilidosa, jeitosa e que tem controle sobre o próprio corpo.

29. Tenho capacidade de dançar. Posso escolher qualquer ritmo musical que farei uma bela performance.

30. Sou uma pessoa perfeitamente saudável, capaz de comer tudo o que deseja.

31. Meu corpo é resistente, pois eu me dedico todos os dias para ser alguém forte.

32. Gosto da mudança de temperatura e fico bem com ela, pois posso aproveitar para fazer diversas coisas sem esperar pela troca de estação.

33. Sei que viverei por muitos anos porque na minha família é comum as pessoas viverem por muito tempo.

34. Minha genética é maravilhosa. Me sinto forte, saudável, consigo realizar todos as coisas que quero e estou sempre bem.

35. Adoro comer todas as frutas, legumes e verduras, porque elas fazem bem para o meu corpo e fortalecem o meu ser.

36. Sou capaz de mastigar direito todos os alimentos que eu quiser comer. Tenho dentes fortes e resistentes.

37. Eu mastigo devagar todos os alimentos para fazer uma boa digestão e saboreio cada comida maravilhosa que coloco na boca.

38. Acho todas as comidas saborosas e gostosas, pois tudo o que eu ingiro foi temperado da melhor forma.

39. Gosto de dormir, pois sei que existem momentos em que o nosso corpo precisa parar, relaxar e sossegar para recarregar as energias.

40. Eu consigo dormir perfeitamente bem todas as noites. Meu sono é profundo e reparador.

41. Pego no sono com rapidez e só tenho sonhos que me fortalecem e renovam minhas energias.

42. Eu acordo bem, disposto e feliz todos os dias. Sou uma pessoa que tem muita energia.

43. Eu adoro dormir no escuro, em silêncio, pois dessa forma adormeço tranquilamente e sinto que meu corpo realmente descansa.

44. Sou uma pessoa que dorme com facilidade. Isso me ajuda, pois estou sempre bem disposto quando o dia inicia.

45. Busco equilibrar minha alimentação consumindo as coisas de que gosto e que me fazem bem.

46. Vivo de maneira confortável, pois meu intestino faz toda a sua função corretamente, absorvendo os nutrientes que fazem bem ao meu corpo e eliminando as toxinas.

47. Mantenho meus pensamentos sempre positivos e alegres, pois sei que eles influenciam a minha saúde física e emocional.

48. Respeito minha saúde, por isso ingiro apenas alimentos que sei que me deixarão mais forte e ajudarão o meu corpo.

49. Escolho viver uma vida saudável todos os dias, porque sei que isso impacta na saúde do meu corpo e mente.

50. Mantenho-me perto de toda energia positiva, pois sei que isso colabora para que eu tenha uma vida plena e feliz.

51. Respeito a minha vida e a minha existência, por isso busco fazer coisas que colaboram para o meu bem-estar.

52. Tenho uma boa saúde mental porque estou sempre rodeada de pessoas que me transmitem amor e carinho todos os dias.

53. Tenho carinho pelo meu corpo, meus órgãos internos e pelas funções que eles executam perfeitamente, por isso sempre retribuo fazendo coisas que me fazem bem.

54. Com foco e dedicação a cada dia que passa, me aproximo do peso que desejo atingir, sempre fazendo as coisas de forma saudável e responsável.

55. Sou feliz por estar vivo, por respirar esse ar que preenche meus pulmões e que me permite fazer aquilo que quero.

56. Eu amo minhas pernas, pois elas me permitem ir para onde eu quiser e aproveitar tudo o que desejo.

57. Escolho curar qualquer raiva ou energia negativa no meu coração que me impeçam de viver em paz.

58. A reclamação é algo distante de mim, pois sei que isso só faz mal para a minha saúde física e emocional, e atrai coisas negativas.

59. A gratidão faz com que a minha saúde esteja cada vez melhor, por isso ela é uma prática diária em minha vida.

60. Eu escolho bloquear qualquer estresse, energia ou pessoa negativa que tentar contaminar minha mente.

61. Tenho o controle dos meus desejos, por isso escolho praticar exercícios físicos, comer alimentos saudáveis e eliminar tudo o que me faz mal.

62. Eu escolho mudar em minha mente qualquer crença negativa ou superstição que já me falaram sobre algum alimento.

63. Sou uma pessoa alegre e positiva e contribuo para que as pessoas à minha volta estejam envolvidas com essa mesma energia.

64. Eu escolho assistir apenas a reportagens positivas, escutar músicas alegres e ler coisas que fazem bem ao meu ser, pois sei que isso contribui para a minha saúde mental.

65. Sei que Deus está sempre comigo, por isso nada de negativo me afeta ou contamina a minha mente.

66. Eu escolho focar apenas nas minhas qualidades e em tudo de bom que eu tenho, porque sei que dessa forma estarei em paz.

67. Gosto de dedicar parte do meu tempo para ajudar outras pessoas, pois sei que ao fazer isso também estou fazendo bem para mim.

68. Eu escolho focar nos pequenos acontecimentos positivos do meu dia, porque isso me traz alegria e bem-estar.

69. Mantenho minha visão de mundo sempre positiva e esperançosa, para que eu tenha uma vida próspera e feliz.

70. Energizo o meu corpo para ir em busca dos meus sonhos e concretizá-los.

71. Sou feliz por ter uma visão boa que me permite enxergar todas as coisas lindas que existem no mundo e ler tudo o que desejo.

72. Adoro fazer caminhadas em meio à natureza, pois isso me traz uma sensação de bem-estar e renova todas as minhas energias.

73. Na minha mente só tem espaço para palavras e pensamentos de amor, respeito, carinho e admiração.

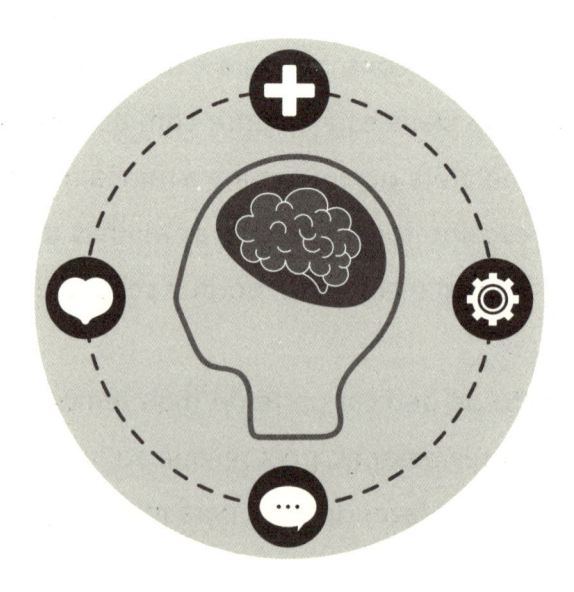

10.
PENSAMENTO BLINDADO PARA ALCANÇAR O PERDÃO E CURAR AS MÁGOAS

Se eu te pedir agora para se lembrar de uma situação ruim que já vivenciou em sua vida, você consegue fazer isso rapidamente? E se lembrar de algo desagradável em seu passado que alguém tenha feito para te prejudicar?

Responda para mim: é agradável ou desagradável trazer essas lembranças à tona? Provavelmente você dirá que não é nada divertido lembrar desses momentos, mas, então, por que a nossa mente faz questão de guardar essas lembranças em locais da memória de tão fácil acesso?

Acontece que nossa mente é programada para não deixar as lembranças desagradáveis caírem no esquecimento, pois queremos nos preservar de situações semelhantes no futuro.

A questão é que como a vida nos dá mais do mesmo, ao ficarmos prisioneiros de lembranças desagradáveis, estamos simplesmente atraindo mais delas para o nosso cotidiano e, assim, reforçando um padrão negativo.

Por isso, quero ajudar você a mudar essa situação, experimentando o perdão. Sei que essa não é uma prática fácil, já que a tendência do ser humano é utilizar a falta de perdão como um mecanismo de proteção contra a pessoa que o agrediu ou magoou. É como se você não quisesse correr o risco de esquecer e baixar a guarda para que o outro não tenha a oportunidade de te ferir novamente. No entanto, usando o rancor e a raiva para alavancar novos comportamentos, você só colherá mais raiva e rancor. Entenda: o rancor é um veneno que só faz mal a você mesmo.

O perdão é um exercício constante. Da mesma forma que exercitamos os músculos do nosso corpo para correr ou levantar peso, também exercitamos o músculo mental do perdão. E seu exercício deve ser diário.

É importante que você entenda que quem não perdoa revive o passado diariamente e perde o momento presente. A neurociência já provou que para o nosso cérebro não importa se a experiência acontece agora ou se é uma lembrança do passado. Os sentimentos que temos ao lembrarmos de alguma cena — raiva, tristeza, alegria, amor, angústia — são sentidos da mesma forma que no momento em que o fato ocorreu, ou seja, podem nos fazer bem ou mal de novo. Gastrite, úlcera, insônia e tantos outros males no corpo são consequências de experimentar sentimentos ruins continuamente.

Quando consegue perdoar, você para de vibrar negativamente na frequência baixa que a raiva, o rancor e a amargura emitem. Como consequência, você naturalmente abre espaço para que coisas boas aconteçam em sua vida.

Então, vamos praticar? E lembre-se de repetir: **Eu faço acontecer!**

AFIRMAÇÕES POSITIVAS (PENSAMENTO BLINDADO) PARA ALCANÇAR O PERDÃO E CURAR AS MÁGOAS

1. Eu perdoo qualquer coisa negativa que meus pais me disseram na infância e que me afetaram na vida adulta.

2. Eu me perdoo por ter aceitado menos do que eu merecia em relações passadas e me abro para um novo amor.

3. Eu me perdoo por ter desistido em algum momento da minha vida, mas fico feliz porque minhas decisões me trouxeram para onde estou hoje.

4. Eu me liberto de qualquer pensamento negativo que já tive sobre mim e escolho amar a pessoa que sou.

5. Eu escolho perdoar as pessoas que já me magoaram algum dia para que eu me liberte da dor e de qualquer energia negativa.

6. Eu bloqueio qualquer energia negativa que tentar me colocar para baixo e me perdoo por já ter deixado isso acontecer antes.

7. Eu escolho ser gentil com todas as pessoas, independentemente do sentimento que elas têm por mim, pois sei que o universo me recompensará com coisas boas.

8. Todas as pessoas estão sujeitas a errarem, assim como eu, por isso sou sempre compreensiva com aqueles que me cercam.

9. Pratico a empatia todos os dias e procuro ser um ombro amigo para ajudar aqueles que precisam.

10. Eu me liberto de qualquer ofensa ou coisa negativa que já falaram para mim e que me impediu de alcançar meus objetivos.

11. A partir de hoje, vou lidar com cada uma das minhas emoções de maneira saudável, sem me tornar refém de nenhuma delas.

12. Prometo liberar qualquer mágoa do meu coração, pois sou uma pessoa do bem e mudar minha essência seria autodestrutivo.

13. Eu elimino qualquer pensamento negativo que me deixou doente e permito que o universo me traga a cura que mereço.

14. Eu permito e aceito que o universo me cure de qualquer mal que já tenha me afetado algum dia.

15. Eu perdoo as pessoas que me colocaram para baixo e que me ofenderam nos tempos de colégio.

16. Eu perdoo qualquer pessoa com quem eu já tenha discutido e compreendo que cada um tem a sua maneira de agir e pensar.

17. Eu me perdoo por ter ofendido e desrespeitado meus pais em algum momento e sei que tudo o que eles fizeram para mim foi pensando no melhor.

18. Hoje, no meu coração e na minha mente só existe espaço para o amor, o perdão e a compreensão.

19. Eu me perdoo e elimino qualquer pensamento negativo que já tive em relação aos meus pais.

20. Sou responsável pelas coisas que afetam o meu ser, por isso me perdoo por qualquer coisa que eu já tenha feito de mal para mim mesmo.

21. Eu escolho fazer da minha mente apenas morada de bons pensamentos e elimino tudo o que há de ruim.

22. A vida dá mais do mesmo. Por isso, opto apenas por ter lembranças agradáveis, para que o universo me dê mais disso.

23. Eu escolho praticar o perdão todos os dias, porque ele é uma ferramenta poderosa e que me liberta de tudo o que é destrutivo.

24. O rancor é algo que só me faz mal, por isso escolho eliminar esse sentimento que estiver dentro de mim.

25. O perdão é meu exercício diário e nada afetará esse comprometimento que firmei comigo mesmo.

26. Eu escolho perdoar meus familiares por qualquer coisa que eles tenham feito em minha vida e que tenha afetado minha mente.

27. Eu me perdoo por ter perdido a paciência em alguns momentos e ter ofendido as pessoas que amo.

28. Quem guarda rancor revive as situações ruins diariamente, por isso eu escolho viver em paz e apenas o momento presente.

29. Eu elimino os sentimentos ruins que alimentei durante muito tempo em minha mente.

30. Eu me permito viver apenas o momento presente e aceito todas as coisas boas que o universo tem para me oferecer.

31. Eu elimino qualquer mágoa que estiver sufocando o meu coração e que esteja me impedindo de viver em paz.

32. Eu escolho perdoar qualquer pessoa que já tenha me magoado, desejo que ela seja feliz e que tudo na vida dela dê certo.

33. Mantenho minhas vibrações positivas e na frequência certa para que o amor faça parte de mim e para que eu seja capaz de perdoar as pessoas.

34. Eu abro espaço para que as coisas boas aconteçam em minha vida e elimino qualquer barreira que me impeça de atraí-las.

35. Sou feliz pelas adversidades que já aconteceram em minha vida e que contribuíram para que eu me tornasse um ser humano melhor.

36. Eu me perdoo por ter pensado mal de mim mesmo em alguns momentos e escolho me amar e me aceitar do jeito que sou.

37. Eu elimino qualquer carga negativa que já colocaram em cima de mim e perdoo as pessoas que fizeram isso.

38. Eu escolho mudar a frequência dos meus pensamentos para atrair somente coisas boas para minha vida, pois dessa forma conseguirei passar por situações difíceis de forma mais leve.

39. Eu elimino qualquer pessimismo que já tenha passado por minha mente em alguma circunstância por conta do passado.

40. Sou capaz de perdoar e, com isso, aprendo a relembrar a situação difícil que enfrentei sem que sentimentos ruins venham à tona.

41. Aceito perdoar, assim como também quero que meus erros sejam compreendidos, por isso exercito a empatia diante das situações.

42. Eu escolho cultivar o perdão, porque através dele posso ter uma vida mais leve e harmônica.

43. Eu me livro de qualquer fantasia de vingança que já tive sobre alguém que cometeu algum mal contra mim.

44. Eu escolho parar de sofrer. Me liberto de qualquer sentimento ruim ou coisa negativa que tenha me afetado profundamente.

45. Eu elimino as experiências traumáticas que vivi na minha infância e quebro o ciclo de ódio que essas mágoas me causaram.

46. Sou feliz porque eliminei o rancor da minha vida e agora posso ficar calmo, dormir sossegado e espalhar amor.

47. Eu perdoo os chefes que me insultaram e que me cobraram coisas que fugiam das minhas funções.

48. Eu escolho praticar o perdão, porque quando perdoamos alguém estamos mais perto de sermos a melhor versão de nós mesmos.

49. Eu removo as ideias ruins que colocaram sobre o meu futuro em minha cabeça, pois sei que a partir disso conseguirei conquistar meus objetivos.

50. Eu perdoo as pessoas que diminuíram minha autoestima na infância e acredito que tenho capacidade para realizar tudo o que desejar.

51. Escolho me perdoar pelos erros que já cometi e me liberto dessas lembranças que me impediram de viver em paz.

52. Eu me perdoo pelos meus fracassos e me comprometo a dar o meu máximo em tudo o que eu fizer daqui para frente.

53. Eu perdoo todos os professores que eu tive, que me colocaram para baixo e me fizeram duvidar da minha capacidade.

54. Eu perdoo as pessoas que passaram por minha vida e me desapontaram de alguma forma.

55. Eu perdoo as pessoas com quem tive um relacionamento amoroso e me liberto dos traumas que elas me causaram para que meus relacionamentos futuros estejam livres de qualquer mágoa.

56. Eu perdoo minha família por me decepcionarem muitas vezes. Hoje tenho a convicção de que eles fizeram o melhor que podiam.

57. Eu me perdoo por sentir medo em algumas situações e estou empenhado em enfrentar todas as minhas batalhas.

58. Eu escolho perdoar minha sogra, meu sogro ou outros familiares de convívio próximo que me geraram algum desgaste emocional.

59. Eu retiro agora da minha mente todos os pensamentos negativos do meu passado que me impedem de ter uma boa noite de sono.

60. Eu perdoo os membros da minha família que fizeram coisas que me entristeceram.

61. Eu perdoo os meus vizinhos, por muitas vezes me fazerem perder a cabeça, tirarem a minha paz e o meu sossego.

62. Eu perdoo os meus pais, caso tenham me dado pouca atenção na infância, pois sei que ofereceram o seu melhor.

63. Eu perdoo os meus primos por todas as brigas bobas que tivemos na infância e me liberto das lembranças ruins que tenho desses momentos.

64. Eu perdoo os meus filhos por agirem de forma mal-educada e mal-agradecida em algumas situações.

65. Eu perdoo todas as pessoas que me abandonaram no momento que eu mais precisava de ajuda e atenção.

66. Eu escolho perdoar qualquer pessoa que tenha traído a minha confiança e me decepcionado.

67. Eu perdoo as pessoas que me colocaram para trás em algum momento ou que me desapontaram.

68. Eu perdoo as pessoas que já falaram mal de mim pelas costas e me fizeram sentir inadequado ou inferior.

69. Eu perdoo a falta de prosperidade em minha vida e abro as portas para que o universo me torne uma pessoa afortunada.

70. Eu perdoo as pessoas que trabalham atendendo nos comércios e que muitas vezes fizeram seus serviços com mau humor.

71. Eu me perdoo por ter me envolvido com pessoas erradas que fizeram mal para mim e que me arrastaram para baixo.

72. Eu escolho perdoar qualquer tipo de violência física ou emocional que eu tenha sofrido em minha vida e me liberto dessa carga negativa.

73. Eu escolho me perdoar por muitas vezes ter carregado fardos que não eram meus, causando um estresse desnecessário em mim.

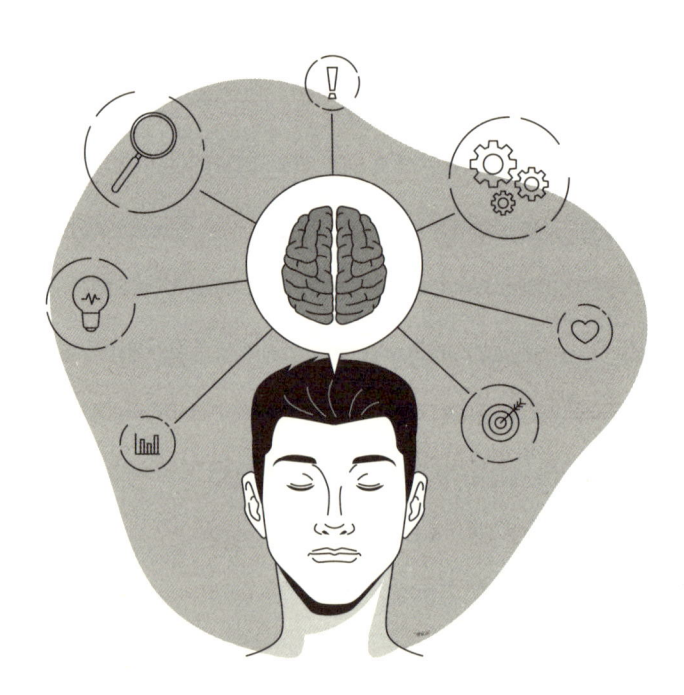

11.
PENSAMENTO BLINDADO PARA CONQUISTAR BONS RELACIONAMENTOS

O amor é, sem sombra de dúvidas, o mais poderoso e libertador de todos os sentimentos. Qualquer comunicação é imperfeita ou imprecisa se não houver amor. Também sabemos que a maior causa do fim dos relacionamentos passa por dificuldades na comunicação; no entanto, ela só ficou difícil porque o amor estava estremecido.

Aprendi na Bíblia, em 1 Coríntios, que sempre que eu não souber a direção, posso usar meu coração como bússola; que todas as vezes em que eu estiver em dúvida sobre meu propósito de vida, basta observar se as minhas escolhas foram feitas com amor.

Quando você põe amor na profissão, ela deixa de ser sofrimento para virar uma missão. Quando você ama verdadeiramente seu companheiro(a) e é amado(a) por ele, vocês encontram forças para sair de qualquer adversidade. Quando você coloca amor na relação com seus filhos, aprende ajudá-los como eles são ao invés de se frustrar porque eles não correspondem às suas expectativas fantasiosas. Se o amor está presente, os relacionamentos prosperam em todas as esferas da sua vida.

Mas como manter o amor presente? Isso eu aprendi com James Hunter, no livro *O monge e o executivo*. No capítulo 4, ele fala do Verbo e do amor *Agapé*, nos ensinando a encarar o amor não como um sentimento, mas como um comportamento. Talvez você não consiga se obrigar a ter sentimentos de amor pela sua sogra quando ela decide controlar a sua vida, ou pelo seu chefe intransigente. Sim, é verdade que nem sempre controlamos nossos sentimentos, mas você tem a obrigação de manifestar comportamentos de amor — e isso você controla e pode escolher conscientemente. "Não controlo o que sinto, mas como me comporto."

O verdadeiro amor não é um simples sentimento: é comportamento, o que exige seu comprometimento e empenho. Quando o amor está presente, os relacionamentos florescem.

Eu sei que não é fácil praticar tão elevado padrão de amor diariamente e com constância, por isso vamos trabalhar os pensamentos corretos em sua mente e você verá uma transformação muito rápida acontecer. Também perceberá que vai começar a atrair pessoas muito mais positivas, generosas e gentis para a sua vida, e a explicação é simples: seu padrão vibratório está mudando e, com isso, você começará a atrair pessoas semelhantes ao seu novo você para sua vida.

Então, vamos começar a praticar já. Lembre-se: **Eu faço acontecer!**

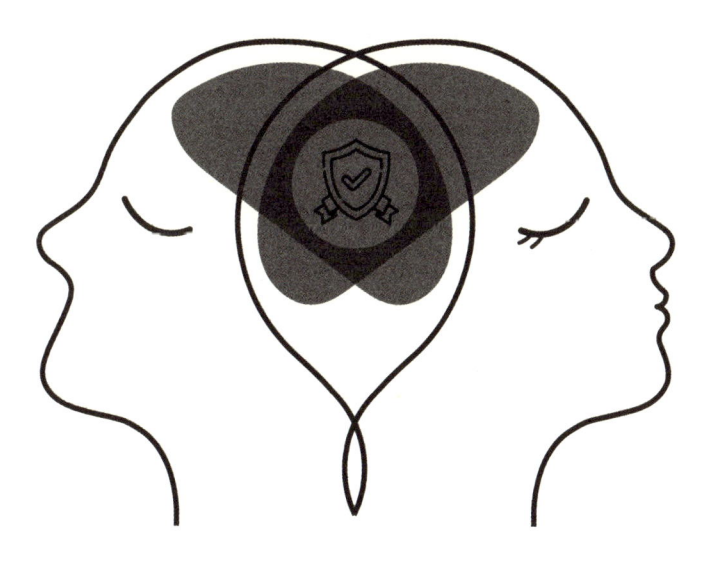

AFIRMAÇÕES POSITIVAS (PENSAMENTO BLINDADO) PARA CONQUISTAR BONS RELACIONAMENTOS

1. Todos os dias escolho ser a melhor versão de mim mesmo, pois sei que dessa forma meus relacionamentos serão mais bem-sucedidos.

2. Sou uma ótima pessoa e com um bom coração, por isso aceito apenas coisas que enaltecem o ser humano que sou.

3. Eu escolho acordar todos os dias feliz e alegre, pois sei que minha energia contagia quem está em volta e contribui para as minhas relações.

4. Eu amo as pessoas maravilhosas que tenho em minha vida e me sinto sortudo por fazer parte da vida delas também.

5. Eu acredito que no tempo certo a pessoa certa aparecerá em minha vida e será melhor do que imaginei.

6. Sei que mereço ser amado e valorizado, por isso em minhas relações eu recuso receber menos do que isso.

7. Sempre mantenho os pensamentos positivos em relação a mim porque sei que a maneira como eu me vejo afeta os meus relacionamentos.

8. Em minha vida eu escolho que permaneçam apenas pessoas sinceras, amorosas, positivas e que me fazem bem.

9. Eu me amo do jeito que sou e isso transparece, fazendo com que as outras pessoas me vejam da mesma forma como eu me enxergo.

10. Estou aberto para receber todo amor, cuidado, carinho e atenção que queiram me dar. Eu deixo o amor entrar.

11. Sou uma pessoa afetiva, que se importa e cuida dos outros, por isso eles gostam de estar perto de mim e têm atitudes recíprocas.

12. Estou disposto a regar o amor que sinto pelo meu parceiro e surpreendê-lo todos os dias com minhas atitudes.

13. O amor precisa ser renovado todos os dias, por isso me esforço para deixar as pessoas com as quais me relaciono felizes e realizadas.

14. Eu sempre serei dedicado, amoroso e leal, porque ajo da mesma forma como gostaria de ser tratado.

15. Mantenho em minha vida apenas as relações recíprocas de amor, atenção e dedicação, pois eu mereço isso.

16. Aceito todo o amor que o universo tem para me oferecer e escolho eliminar qualquer barreira de acesso que tentar impedi-lo.

17. Sou uma pessoa compreensiva, por isso aceito as diferentes formas de amar de cada pessoa que me cerca.

18. Nos meus relacionamentos só existe espaço para o amor, a sinceridade, o cuidado, a dedicação, a lealdade e o comprometimento.

19. Para uma relação ser saudável, é necessário que a reciprocidade esteja presente, por isso eu e meu parceiro estamos atentos a isso.

20. Eu tenho uma ótima capacidade de escutar as pessoas e falar as coisas certas, por isso em meus relacionamentos não há espaço para o desrespeito.

21. Cada gesto meu é regado de amor, carinho e cuidado, fazendo com que as pessoas me amem ainda mais.

22. Procuro me comunicar da melhor forma possível, com tudo bem esclarecido, o que me permite viver em paz.

23. Através do amor eu realizo as melhores coisas, por isso permaneço nessa vibração positiva, emanando vibrações boas.

24. Eu bloqueio qualquer pessoa que tentar impedir a minha felicidade e estragar meus relacionamentos.

25. As bases do meu relacionamento são a confiança, o amor e o respeito, por isso estamos sempre em paz um com o outro.

26. Eu bloqueio qualquer tipo de pensamento negativo de relações passadas que deram errado e aceito um novo amor.

27. Minha escolha diária é o amor, por isso me dedico para demonstrar às pessoas que amo o quanto elas são significativas em minha vida.

28. Todos os dias eu abraço meus pais e falo o quanto eu os amo, para que se lembrem que são importantes para mim.

29. Eu converso todos os dias com meu cônjuge, para que ele saiba que pode desabafar comigo e que tem alguém com quem contar.

30. Na vida o mais importante é vibrar na energia do amor, por isso cuido dos meus pensamentos e atitudes, para que as pessoas à minha volta estejam na mesma frequência que eu.

31. Eu coloco amor em cada gesto, pois sei que o universo me recompensará com muito mais bênçãos.

32. Eu mereço todo amor e carinho que as pessoas me oferecem, pois me dedico para dar o mesmo a elas.

33. Em todos os ambientes sou estimado, pois ajudo quem precisa, emitindo apenas boas vibrações.

34. Meu cônjuge me enche de amor e atenção, sou muito feliz em nosso relacionamento e estou satisfeito com o que temos.

35. Para que eu ame alguém é necessário que eu sinta amor pela pessoa que sou, por isso todos os dias faço coisas que elevam meu amor-próprio.

36. Tenho empatia em todos os meus relacionamentos, por isso sempre estamos bem uns com os outros em qualquer situação.

37. Amar alguém é uma escolha que fazemos todos os dias, por isso o amor que sinto pelo meu parceiro se renova a cada dia.

38. Eu prometo procurar fazer coisas que renovem a relação com o meu parceiro e que fortaleçam ainda mais o nosso amor.

39. A amizade é fundamental em qualquer relação, por isso eu procuro ser todos os dias um bom amigo daqueles que fazem parte da minha vida.

40. A cumplicidade, a parceria e o respeito ajudam a construir o relacionamento de qualquer casal, por isso mantenho minhas relações com base nisso.

41. Todos os dias eu escolho surpreender meu parceiro, seja com atitudes, com presentes, com flores ou um bilhete.

42. Eu escolho eliminar qualquer tipo de vergonha que me impeça de mostrar o quanto as pessoas são importantes para mim.

43. Eu me comprometo a investir nos meus sentimentos e das pessoas que me

cercam, fazendo passeios legais juntos e aproveitando a companhia um do outro.

44. Eu busco ter em mim as qualidades que desejo na pessoa amada, pois, se quero atrair alguém do bem para minha vida, tenho que ser do bem também.

45. Sei que em um relacionamento às vezes é necessário ceder, por isso eu escolho agradar meu parceiro fazendo concessões em prol da felicidade dele.

46. Eu escolho ficar feliz pelas conquistas de meu parceiro e vibrar com ele em cada momento de vitória.

47. Eu me comprometo a sempre estar ao lado de meu parceiro, incentivando e apoiando em tudo o que ele precisar.

48. Eu escolho eliminar qualquer pensamento ou palavra negativa que possam magoar meu parceiro e deixá-lo para baixo.

49. A falta de respeito ao próximo é um grande causador de conflitos, por isso eu respeito as pessoas que me cercam, da mesma forma como desejo ser respeitado.

50. Eu opto por considerar qualquer preocupação do meu parceiro e dar valor às coisas que são importantes para ele.

51. Eu me comprometo a escutar meu parceiro quando ele falar comigo e prestar atenção nas coisas que ele me disser.

52. Eu escolho me colocar no lugar do outro antes de opinar sobre algum assunto, para que o respeito permaneça.

53. Sempre olho nos olhos do meu parceiro, reconheço o seu valor, o abraço e digo o quanto eu o amo.

54. Todos os dias eu dedico parte do meu tempo para saber como foi o dia do meu parceiro e dar a atenção que ele merece.

55. Dou importância para os acontecimentos da vida do meu filho. Vibro com suas conquistas e o elogio pelas vitórias alcançadas.

56. Quando meu filho está triste ou confuso, eu paro o que estou fazendo, sento-me ao seu lado e procuro ajudá-lo no que for necessário.

57. Todos os dias eu mostro aos meus filhos que eles têm autonomia para resolver muitos problemas, mas que podem contar com a minha ajuda.

58. Cada um tem a sua vida, por isso eu mantenho as responsabilidades dos meus filhos com eles, para que possam se autodesenvolver.

59. Eu escolho incentivar meus filhos todos os dias para que continuem lutando por seus sonhos.

60. Sinto-me vitorioso por ter gerado filhos tão maravilhosos que só me trazem alegria e motivos para sorrir.

61. Sou uma pessoa de sorte, pois tenho um parceiro maravilhoso, com uma relação ótima e filhos que me dão amor todos os dias.

62. Quando algo me incomoda eu falo com o meu parceiro, para manter as coisas em ordem e esclarecidas.

63. A discussão é algo distante em minhas relações. Se eu preciso dizer algo a alguém, o faço de maneira sutil e respeitosa.

64. Eu me comprometo a falar as coisas que me incomodam em minhas relações logo que elas acontecerem, para que nada acumule ou se agrave.

65. Eu sou um bom exemplo para os meus filhos, pois sei que a forma como eu ajo servirá de referência para eles.

66. Trago alegria e positividade para meus círculos de relacionamento.

67. Sou uma pessoa amorosa e que pratica o bem todos os dias, pois sei que meus filhos me admiram e buscam agir de forma semelhante em suas vidas.

68. Eu busco ser coerente com as coisas que falo e com a forma como ajo, pois isso faz diferença na vida de meus filhos.

69. Eu escolho perdoar meu parceiro por qualquer discussão boba que tenhamos.

70. Vibro na mais alta frequência do amor, pois dessa forma as pessoas à minha volta são contagiadas por essa energia e o ambiente fica mais agradável para todos.

71. Eu me comprometo a elogiar alguém que faz parte da minha vida todos os dias, seja meu parceiro, meus filhos, meus pais ou amigos.

72. Eu elimino qualquer diálogo interno negativo que possa gerar conflitos com as pessoas que amo.

73. Eu exalto as qualidades das pessoas que amo, pois sei que isso fará bem a elas, permitindo que a energia à nossa volta flua cada vez melhor.

12.
PENSAMENTO BLINDADO PARA VIVER A PROSPERIDADE FINANCEIRA

Meus 30 anos de experiência ajudando no desenvolvimento pessoal de mais de 600 mil alunos me permitiram constatar que a grande maioria dos seres humanos possui programações mentais negativas em relação ao dinheiro, advindas das mensagens assimiladas na mais tenra infância e de experiências ruins que tenham vivido.

Acontece que é conquistando a prosperidade financeira que conseguimos ter acesso a uma vida de qualidade, não só para nós, mas também para as pessoas que amamos.

Basicamente, podemos dizer que o dinheiro serve para três coisas:

1. atender suas necessidades básicas de alimentação, moradia, segurança, vestimenta;

2. realizar sonhos, sejam eles na esfera pessoal (fazer aquela viagem especial, comprar sua casa na praia, trocar de carro etc.) ou na esfera profissional (abrir o seu próprio negócio, fazer um curso de aperfeiçoamento etc.);

3. transbordar financeiramente, colocando a roda da fortuna para girar e ajudando muitas pessoas à sua volta.

Sem resolver as finanças, várias outras áreas da sua vida ficam travadas. Mas saiba que boa parte dos problemas que você tem hoje começarão a ser resolvidos assim que você mudar seu *mindset*, ou seja, seu padrão mental acerca do dinheiro.

Acredite, enquanto você não aprender a se relacionar de maneira saudável com o dinheiro, de nada adiantará virar um especialista em investimentos financeiros ou um *expert* em saber poupar.

Você deve ter ouvido falar de casos de pessoas que ganharam muito dinheiro, ou porque acertaram os números da Mega-Sena, ou porque receberam uma herança inesperada, e logo em seguida perderam tudo, voltando ao estado de miserabilidade, muitas vezes até pior do que o estágio anterior. Isso ocorre porque a conta bancária mudou, mas o *mindset* daquele indivíduo continuou sendo de pobreza e escassez.

Você precisa fazer as pazes com o dinheiro. Não, ele não é o grande vilão da Humanidade, e sim a avareza e a falta de caridade, que, aliás, costumam estar presentes muito mais em pessoas com poucos recursos financeiros do que nas mais abastadas.

Pessoas que prosperam financeiramente tendem a praticar a generosidade e a doação; do contrário, suas vidas não se manteriam bem por muito tempo e sairiam do fluxo da geração de riquezas.

Pare de reclamar da falta de dinheiro, da escassez financeira e das dívidas, porque a vida dá mais do mesmo, e você só está piorando sua situação ao fazer isso. A partir de hoje, utilize frases positivas de agradecimento por todas as bênçãos financeiras que acontecem diariamente em sua vida, e a prosperidade só vai aumentar.

Se quiser se aprofundar nesse tema, conheça o meu curso on-line *A gratidão transforma sua vida financeira* e tenha acesso a uma sequência específica de exercícios que ajudarão você a se conectar com a abundância e afastar-se da escassez. Aponte a câmera do seu celular para o QR Code ao lado e confira:

E agora lembre-se de repetir: **Eu faço acontecer!**

AFIRMAÇÕES POSITIVAS (PENSAMENTO BLINDADO) PARA VIVER A PROSPERIDADE FINANCEIRA

1. O dinheiro é meu amigo e me faz bem. Com ele sou feliz e posso realizar todos os meus objetivos.

2. Eu e todos à minha volta somos bem-sucedidos, pois abraçamos todas as oportunidades que o universo nos proporciona.

3. O dinheiro é abundante em minha vida. Qualquer ideia de negócio que eu tenho é sucesso garantido.

4. Tenho dinheiro para minhas finanças e consigo reservar para o meu lazer, porque sou capaz de administrar meus ganhos financeiros.

5. Sou grato pelo meu trabalho e por tudo o que ele me proporciona, pois é por meio dele que conquisto meus objetivos.

6. Agradeço porque a prosperidade me permite fazer tudo o que desejo. Posso viajar, conhecer diversos lugares, fazer as melhores refeições e ajudar quem precisa.

7. Cada segundo do meu dia é próspero, porque permaneço na vibração certa e com os melhores pensamentos.

8. Tudo o que eu faço torna minha vida próspera. Minhas atitudes e meus pensamentos atraem a riqueza.

9. A prosperidade está presente em minha vida, porque o universo me recompensa por todo o meu esforço.

10. O dinheiro é meu aliado e sempre estará presente em minha vida. Com ele posso realizar todos os meus sonhos.

11. Estou destinado a uma vida repleta de sucesso, pois acredito no potencial que tenho.

12. O dinheiro me traz novas possibilidades. Com ele posso investir nos meus estudos e atrair mais sucesso para a minha vida.

13. Tudo o que eu faço e toco prospera, pois estou disposto a aprender e enxergar as oportunidades.

14. O dinheiro trabalha para mim. Tenho amor e dedicação pelo que faço e sou recompensado por isso.

15. Todo o dinheiro que tenho foi adquirido de forma honesta através do meu ótimo desempenho no trabalho.

16. Deus se importa comigo e traz prosperidade para a minha vida, pois eu sou grato por tudo o que recebo.

17. Sou rico financeiramente e espiritualmente, porque cultivo apenas bons pensamentos que me direcionam para um caminho vitorioso.

18. Meus pensamentos são cheios de prosperidade, sucesso e fortuna, e fazem com que o dinheiro se multiplique em minhas mãos.

19. Tenho uma ótima e confortável casa que conquistei com meu trabalho e com o dinheiro que tenho.

20. Sou feliz porque proporciono uma vida de qualidade para minha família e eles me envolvem com uma energia de amor que faz com que eu me dedique cada vez mais para ajudá-los.

21. Sou grato porque sou um ímã da prosperidade e só atraio coisas maravilhosas para a minha vida.

22. Qualquer coisa que eu me proponha a fazer, em qualquer trabalho que eu estiver, serei bem remunerado e reconhecido.

23. Eu aceito todas as bênçãos que o universo tem para me oferecer porque eu mereço ter dinheiro e prosperidade em minha vida.

24. Eu realizo todos os meus sonhos e objetivos, pois tudo o que eu faço é executado com amor e dedicação.

25. O dinheiro se multiplica em minhas mãos, porque sei administrá-lo e investi-lo da forma correta.

26. Eu tenho tudo o que preciso e o universo me manda cada vez mais, porque eu sou merecedor de todo o dinheiro que ele me envia.

27. Eu consigo materializar tudo o que desejo e ainda ajudo minha família e meus amigos a conquistarem seus objetivos.

28. Eu tenho mais do que o suficiente. O saldo na minha conta bancária cresce cada vez mais.

29. Sou afortunado, o dinheiro faz parte do meu cotidiano e abraço todas as oportunidades que surgem em meu caminho.

30. Mais é melhor. Por isso alimento pensamentos positivos em relação ao dinheiro, e ele me proporciona as melhores oportunidades.

31. Todo o dinheiro que recebo é adquirido de maneira justa e honesta. Sou grato ao universo por ter me colocado no caminho certo.

32. Cada centavo que entra em minha vida se multiplica, pois minha vibração está em harmonia com os meus pensamentos.

33. Meus pais ficam felizes por minhas conquistas e por tudo aquilo que eu adquiro com meu dinheiro.

34. O dinheiro me faz bem e me traz coisas boas. Com ele posso ir além e ter uma vida cada vez mais vitoriosa.

35. Eu tenho dinheiro e tempo livre para usufruí-lo da forma que desejar. Cada momento do meu dia é muito bem aproveitado.

36. Eu sei lidar com o dinheiro e mantenho todas as minhas contas pagas em dia.

37. A prosperidade é tão grande em minha vida que me sobra para ajudar os necessitados.

38. Eu mereço ter uma vida abundante e próspera, pois todos os dias busco aprender coisas novas.

39. Eu sei fazer dinheiro. Qualquer área da vida que eu escolher trabalhar será bem executada.

40. Quando penso em dinheiro, fico feliz, imaginando todas as coisas que posso conquistar por intermédio dele.

41. Eu atraio dinheiro fazendo as coisas que amo. Agradeço por ter felicidade e prazer com o que faço para ganhar a vida e ainda ser recompensado por isso.

42. Tenho amigos verdadeiros que ficam felizes por minhas conquistas e pelo dinheiro que tenho.

43. Eu e todos à minha volta somos pessoas prósperas e felizes, e o universo nos recompensa com mais e mais.

44. As pessoas à minha volta ficam felizes por minhas conquistas e me ajudam a triunfar na vida.

45. Eu tenho dinheiro suficiente não só para as coisas que preciso, mas também para as coisas que desejo.

46. Meu nome no comércio é muito bom. Tenho crédito em todos os lugares e sou uma referência quando se trata de contas em dia.

47. Meu sucesso depende somente de mim, por isso me dedico em tudo o que faço e sempre busco aprender em qualquer circunstância.

48. Quando empresto meu dinheiro para meus amigos ou familiares eles sempre me devolvem antes do combinado ou na data marcada.

49. Eu cuido tão bem do meu dinheiro que o universo reconhece minhas atitudes e me recompensa com mais.

50. Sou inteligente e confio no trabalho que exerço, por isso sou sempre bem pago pelos serviços prestados.

51. O sucesso atrai mais sucesso. Por isso estou sempre cercado de pessoas bem-sucedidas e que ficam felizes com as minhas conquistas.

52. O mundo é um lugar próspero, e é por isso que o dinheiro entra com facilidade em minha vida e eu consigo tudo o que quero.

53. Eu perdoo minha família por qualquer frase negativa que já me disseram sobre o dinheiro e aceito a prosperidade que o universo tem para me dar.

54. A vida dá mais do mesmo. Por isso sempre mantenho minha vibração na melhor frequência, para que a prosperidade faça parte da minha vida.

55. Eu uso meu dinheiro com sabedoria. Pago minhas contas em dia, faço meus investimentos e ainda me sobra para passear.

56. Escolho ter uma vida de sucesso. O universo sabe disso e me rodeia de oportunidades e prosperidade.

57. Sou uma pessoa grata e consigo controlar meus impulsos, por isso tenho maiores ganhos financeiros.

58. Eu digo e penso frases prósperas e minha mente entende que é o que eu desejo e trabalha para tornar meus sonhos realidade.

59. Eu valorizo aquilo que tenho: minha casa, meu carro, meu celular, os alimentos e por isso derrubo qualquer barreira para que a prosperidade entre em minha vida.

60. Sou uma pessoa grata e desapego de toda a escassez, por isso a prosperidade está presente em todas as áreas da minha vida.

61. Eu escolho conviver com pessoas que tenham o pensamento positivo, uma mente milionária e que tenham o mesmo propósito que eu.

62. Eu faço o que eu amo diariamente, e por isso estou destinado a ter uma vida próspera e milionária.

63. Eu elimino qualquer barreira de acesso em minha vida que impeça a prosperidade de entrar.

64. Eu persevero em qualquer circunstância. Os obstáculos me movem para frente e me fazem querer ser cada vez mais próspero.

65. Meus mentores são pessoas de sucesso e me conduzem para uma vida repleta de prosperidade e abundância.

66. Eu sou um ímã que atrai dinheiro.

67. Eu escolho ser feliz e ter dinheiro porque minha mentalidade é de abundância, e não de escassez.

68. Deus age através de mim para fazer a roda da fortuna girar e espalhar prosperidade no mundo.

69. Separo uma parte da prosperidade que chega até mim para doar às causas que o universo coloca em meu caminho.

70. Estou preparado para toda a fortuna que a vida tem para mim.

71. Eu me sinto merecedor de todas as dádivas que o universo preparou para mim.

72. Tudo o que eu toco vira ouro.

73. O dinheiro vem para mim de forma fácil. O esforço é mínimo e o resultado é máximo.

Agora é a sua vez! Anote aqui as afirmações positivas (pensamento blindado) criadas por você e depois compartilhe em suas redes sociais usando as hashtags **#pensamentoblindado #marcialuz**:

_____
_____
_____
_____
_____
_____
_____
_____
_____
_____
_____
_____
_____
_____
_____
_____
_____
_____

CONCLUSÃO

É HORA DE RECOMEÇAR

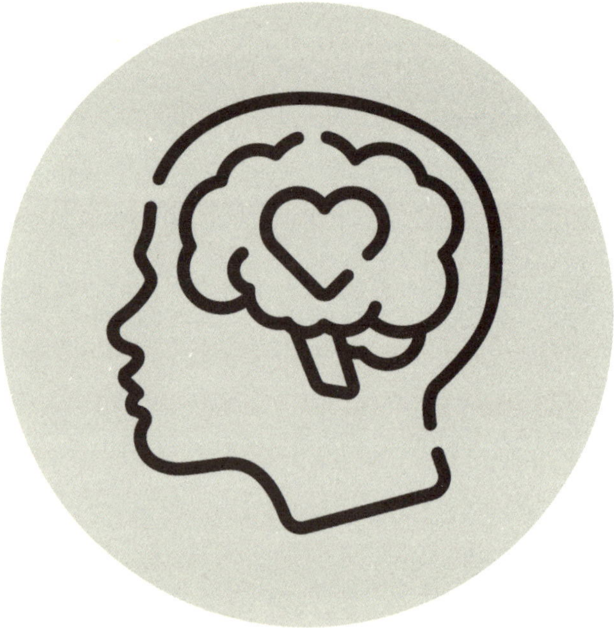

Responda rapidamente: por quanto tempo você quer manter essa nova vida feliz, harmoniosa, saudável e próspera que está construindo agora? Para sempre? Então é por esse mesmo tempo que você deve praticar os exercícios de reprogramação mental que aprendeu aqui.

Isso significa que, ao concluir a jornada de 35 dias, você deve recomeçar, de novo, de novo e de novo, até que todas as frases tenham sido decoradas e venham espontaneamente à sua mente várias vezes por dia.

Você deve ter reparado que acabou de aprender 365 frases poderosas, uma para cada dia do ano, e a partir de hoje poderá começar a olhar todos os dias qual é a frase do dia, e se comprometer a repeti-la várias vezes, como um passaporte para a sua nova vida.

Até o momento em que você pegou este livro nas mãos, os pensamentos negativos ocupavam um espaço de destaque em sua mente, mas agora essa velha realidade ficou para trás e parou de ter poder sobre a sua vida.

Depois desses primeiros 35 dias de semeadura da sua nova realidade, pode ser que nem tudo esteja — ainda — do jeito que você deseja, no entanto, todo agricultor sabe que precisa dar tempo ao tempo para as sementes germinarem e crescerem saudáveis, e você precisa continuar cuidando delas e plantando novas sementes para, assim, ter uma colheita farta e abundante.

Além disso, não fique procurando mudanças radicais. Treine o olhar para enxergar os pequenos milagres e agradeça por eles. Como a vida dá mais do mesmo, ela perceberá que você gostou e enviará outros pequenos milagres, e quando você menos esperar, sua vida terá se transformado completamente.

Recomece, recomece, recomece. E continue blindando a sua mente contra pensamentos destrutivos. A partir de hoje você está no comando de sua nova vida.

Tenho certeza de que Deus vai continuar te abençoando e desejo que você mantenha as portas do seu coração abertas para continuar recebendo todas as dádivas que a vida tem para te dar.

MARCIA LUZ

UMA FRASE POR DIA PARA BLINDAR O SEU ANO

Agora que você já completou este programa de 35 dias, compilei a seguir todas as frases das cinco áreas trabalhadas, o que resulta em 365 afirmações poderosas para você praticar durante um ano inteiro, podendo começar hoje mesmo. Utilize uma frase de blindagem por dia e veja sua vida se transformar.

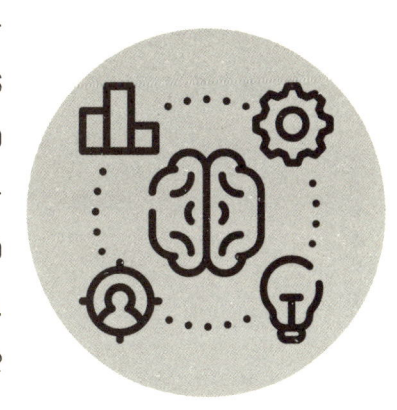

☐ 1. Eu amo cada detalhe do meu corpo. Me olho no espelho e vejo uma pessoa incrível e maravilhosa.

☐ 2. Eu sou capaz de realizar qualquer coisa que desejar porque tenho força de vontade e estou sempre em busca do meu aprimoramento.

☐ 3. Eu tenho valor e aceito ser tratado com amor, carinho, compreensão e cuidado. Mereço tudo o que há de bom neste mundo.

☐ 4. As coisas sempre dão certo em minha vida. Em qualquer lugar e em qualquer situação, eu sempre me dou bem.

☐ 5. Eu mereço ser uma pessoa bem-sucedida, feliz e realizada. Aceito todas as coisas boas que o universo tem para me oferecer.

☐ 6. Eu amo a minha própria companhia. Sou uma pessoa alegre, tranquila e ilumino os ambientes por onde passo, por isso estou sempre em paz comigo mesmo.

☐ 7. Vou alcançar todos os meus objetivos e sonhos, pois sou uma pessoa focada e dedicada que sempre vai atrás do que quer.

☐ 8. Eu posso fazer tudo o que quero, independente da minha idade, porque sou uma pessoa inteligente e capacitada.

☐ 9. Sou um ser humano interessante, carismático e amigável, por isso as pessoas à minha volta adoram conversar comigo.

☐ 10. Eu sou capaz. Vivo num mundo onde todas as pessoas são realizadas e conseguem alcançar seus objetivos.

☐ 11. Meus pais sempre tiveram orgulho de mim, pois sou uma pessoa dedicada, educada, responsável e respeitosa.

☐ 12. Estou em busca da minha evolução pessoal e profissional, pois sei que sempre posso ser alguém melhor.

☐ 13. Eu mereço ser amado, ter dinheiro e ser bem-sucedido, pois sou uma pessoa do bem e o universo me recompensa com as melhores coisas.

☐ 14. Eu nasci para ser feliz. Tudo dá certo em minha vida, estou sempre envolvido por bons pensamentos e por isso a felicidade faz morada em mim.

☐ 15. Eu sigo meus próprios interesses, vou em busca das coisas que quero e todas as pessoas com quem tenho algum tipo de relacionamento ficam felizes por mim.

☐ 16. Sou uma pessoa transparente e verdadeira, por isso as pessoas ao meu redor se aproximam e gostam de mim.

☐ 17. Sou capaz de cuidar de mim, pois o amor, o cuidado e a atenção fazem parte da minha rotina diária com o meu ser.

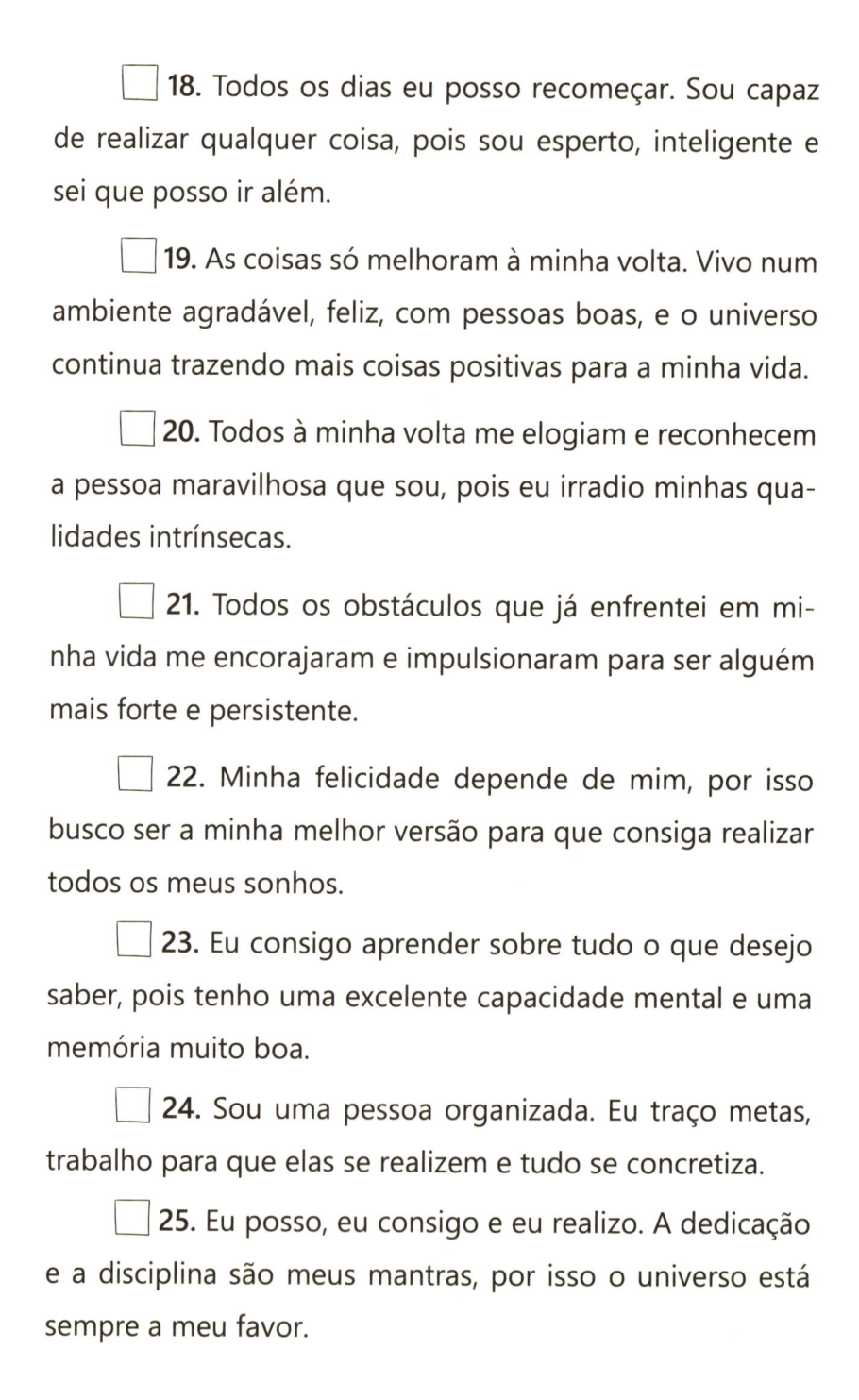

☐ 18. Todos os dias eu posso recomeçar. Sou capaz de realizar qualquer coisa, pois sou esperto, inteligente e sei que posso ir além.

☐ 19. As coisas só melhoram à minha volta. Vivo num ambiente agradável, feliz, com pessoas boas, e o universo continua trazendo mais coisas positivas para a minha vida.

☐ 20. Todos à minha volta me elogiam e reconhecem a pessoa maravilhosa que sou, pois eu irradio minhas qualidades intrínsecas.

☐ 21. Todos os obstáculos que já enfrentei em minha vida me encorajaram e impulsionaram para ser alguém mais forte e persistente.

☐ 22. Minha felicidade depende de mim, por isso busco ser a minha melhor versão para que consiga realizar todos os meus sonhos.

☐ 23. Eu consigo aprender sobre tudo o que desejo saber, pois tenho uma excelente capacidade mental e uma memória muito boa.

☐ 24. Sou uma pessoa organizada. Eu traço metas, trabalho para que elas se realizem e tudo se concretiza.

☐ 25. Eu posso, eu consigo e eu realizo. A dedicação e a disciplina são meus mantras, por isso o universo está sempre a meu favor.

☐ 26. Sou uma pessoa amigável e sociável, por isso estou sempre rodeado de amigos e de pessoas que querem o meu bem.

☐ 27. Estou destinado a ter uma vida de sucesso e a ser um profissional incrível, e minha família me apoia e me motiva.

☐ 28. É possível viver do que se ama. Sou uma pessoa realizada com meu trabalho, amo o que eu faço e sou recompensado por isso.

☐ 29. Eu supero todas as expectativas que meus pais colocaram sobre mim. Sou um ótimo filho, bem-sucedido e dou apenas orgulho para eles.

☐ 30. Dou atenção às minhas próprias necessidades e busco satisfazê-las, pois eu mereço o melhor.

☐ 31. Sou capaz de enfrentar minhas batalhas, me salvar dos percalços da vida e cuidar de tudo.

☐ 32. Eu posso me virar sozinho. Sou bem-sucedido, inteligente, focado, organizado e capaz.

☐ 33. Vivo o presente, por isso faço o que tenho vontade hoje e agora, porque o meu tempo é valioso e eu aproveito cada segundo do dia.

☐ 34. Sei como resolver qualquer problema que surgir no caminho, pois tenho um ótimo raciocínio e planejo bem as coisas.

☐ 35. O progresso faz parte da minha vida. Estou em busca do meu aprimoramento e sou recompensado por isso.

☐ 36. Eu me destaco na multidão. Sou uma pessoa que exala competência, inteligência, dedicação e sirvo de inspiração para os outros.

☐ 37. As pessoas reconhecem o meu trabalho, pois sou um ótimo profissional, sempre dou o meu melhor, faço um excelente trabalho em equipe e abraço todos os planos.

☐ 38. Eu reconheço minhas qualidades e sei que posso conquistar tudo o que quero por meio delas.

☐ 39. Quando me olho no espelho, fico feliz de ver a pessoa que me tornei e transbordo amor-próprio.

☐ 40. Todos os dias eu me surpreendo com a minha incrível capacidade de executar as tarefas que me são passadas. Sou ótima no que faço.

☐ 41. Meus sentimentos e opiniões têm valor e merecem atenção. Eu reconheço a importância que tenho.

☐ 42. Palavras e pensamentos positivos sobre mim me motivam a ser uma pessoa melhor, por isso mantenho minha energia apenas em coisas boas.

☐ 43. Eu escolho ser uma pessoa positiva, alegre, amiga, amorosa, gentil, dedicada, focada e bem-sucedida.

☐ 44. Quando penso a meu respeito, só encontro qualidades, pois a minha energia e vibração estão sempre positivas sobre quem sou.

☐ 45. A vida dá mais do mesmo, por isso cultivo em mim apenas amor, carinho, atenção e compreensão.

☐ 46. Eu gosto da minha aparência e me amo do jeito que sou. Isso transborda de mim fazendo com que as pessoas à minha volta me enxerguem da mesma maneira.

☐ 47. Eu aceito todos os elogios que meus amigos e familiares me fazem e agradeço pelos momentos de reconhecimento.

☐ 48. As pessoas gostam de mim. Todos os dias eu me sinto rodeado de amor e carinho e sei que minha existência faz diferença na vida delas.

☐ 49. As situações estão sempre favoráveis para que eu conquiste meus sonhos, pois tenho diálogos internos positivos que abrem as portas para mim.

☐ 50. Eu gerencio minha mente e meus pensamentos, pois eles são meus aliados na conquista dos meus sonhos e propósitos.

☐ 51. Escolho ter apenas pensamentos positivos sobre quem sou, porque eles me fazem crescer ainda mais como ser humano.

☐ 52. Sou uma pessoa generosa e bondosa comigo mesma; por conta disso, minha autoestima está sempre elevada.

☐ 53. Tenho maturidade para aprender com os novos desafios, por isso estou sempre me superando e me tornando mais inteligente.

☐ 54. Tenho a mente aberta, por isso as pessoas gostam de conversar comigo e estar perto de mim. Sou um bom amigo e as pessoas reconhecem isso.

☐ 55. Eu sou feliz e me importo com a felicidade das pessoas que me cercam, ajudando-as a conquistarem seus sonhos também.

☐ 56. Todas as coisas que já aconteceram na minha vida me moldaram a ser a pessoa que sou hoje: feliz, realizada e bem-sucedida.

☐ 57. Tenho consciência da minha capacidade, pois tudo o que eu faço é executado com amor e dá certo.

☐ 58. Eu amo a minha companhia e meus pensamentos, por isso sou feliz comigo mesmo, gosto de apreciar as qualidades que tenho.

☐ 59. Escolho me cercar apenas do que me faz bem, pois mereço ter uma vida repleta de felicidade.

☐ 60. A forma como eu me trato, me cuido e me amo faz com que as pessoas me tratem da mesma maneira.

☐ 61. Sou uma pessoa corajosa. Onde os outros veem barreiras eu enxergo possibilidades e aprendizados.

☐ 62. Sou uma pessoa agradável, por isso adoro ficar comigo mesma, fazendo as coisas que gosto e curtindo minha própria companhia.

☐ 63. Eu tenho a altura ideal e o formato de corpo certo, pois cada detalhe em mim foi planejado perfeitamente por Deus.

☐ 64. Eu escolho esquecer todos os momentos que alguém ofendeu meu corpo e me aceito do jeito que sou.

☐ 65. Eu limpo minha mente de todos os pensamentos negativos que me fizeram duvidar da minha capacidade.

☐ 66. Sou bom em todas as áreas da minha vida. No amor, na família e no trabalho, todos reconhecem o meu valor.

☐ 67. Eu sou amado, valorizado e aceito exatamente do jeito que sou por todos à minha volta.

☐ 68. Em todos os ambientes que vou, as pessoas se sentem felizes com a minha presença, pois sou agradável e emano coisas positivas.

☐ 69. Sou inteligente, por isso me saio bem em todas as conversas e sempre sei o que dizer.

☐ 70. A cada ano que passa me sinto melhor com o meu eu, pois cada detalhe em mim serve como lembrete das maravilhas que consegui e como cheguei até aqui.

☐ 71. Eu sou merecedor e tenho o direito de usufruir de todas as coisas incríveis que o universo tem para me oferecer.

☐ 72. Eu bloqueio qualquer pensamento negativo que tentar entrar na minha mente.

☐ 73. Eu escolho entrar na frequência certa e com a vibração elevada, para construir uma vida próspera e feliz.

☐ 74. A cada dia que passa me sinto mais jovem, revigorado e vivo. Sinto que posso fazer tudo o que eu quiser.

☐ 75. Eu tenho uma ótima capacidade de concentração. Sou capaz de dedicar todo o meu tempo e a minha atenção a qualquer coisa que eu me propuser a fazer.

☐ 76. Sou uma pessoa feliz porque sei que vícios são inexistentes em minha vida e vivo plenamente sem eles.

☐ 77. Minha família se orgulha de mim, pois sou uma pessoa com hábitos saudáveis e que não possui nenhum tipo de vício.

☐ 78. Faço escolhas saudáveis e inteligentes para a minha vida.

☐ 79. Tenho capacidade, dedicação e disciplina para ter o corpo que desejo. Sei que comendo coisas saudáveis e praticando exercícios físicos minha vida será melhor.

☐ 80. Sei que posso ter o corpo que eu desejar, basta eu me cuidar e me amar.

☐ 81. Minha alimentação é saudável. Eu como coisas que só fazem bem ao meu corpo e me exercito diariamente.

☐ 82. Tenho o metabolismo rápido, por isso meu corpo está sempre do jeito que desejo.

☐ 83. Eu como as coisas de que gosto e meu corpo se mantém forte e saudável, pois me cuido e ingiro os alimentos na medida certa.

☐ 84. Sou resistente e tenho uma boa imunidade. Posso sair à noite em dias frios e o meu corpo permanece firme e forte.

☐ 85. Posso viver sem remédios em casa. Meu corpo tem sua autodefesa e eu posso me curar das enfermidades.

☐ 86. Vivo tranquilo e alegremente fazendo tudo o que desejo e indo aos lugares de que gosto, pois sei que estou sempre saudável.

☐ 87. Acredito que vou viver por muitos anos, pois sempre tive hábitos saudáveis e minha família também tem uma boa genética.

☐ 88. Em minha família todos são saudáveis e resistentes, e isso me deixa tranquilo, porque acredito que serei igual a eles.

☐ 89. Sou uma pessoa sempre repleta de saúde e consigo me alimentar com as coisas de que gosto.

☐ 90. Sou uma pessoa alegre, divertida e de bem com a vida. Minha mente está sempre na vibração certa.

☐ 91. Sou uma pessoa que adora ler sobre os avanços que a Medicina alcança a cada dia.

☐ 92. Meu corpo é saudável e minha mente é focada apenas em pensamentos construtivos.

☐ 93. Sou capaz de relaxar e me divertir com meus amigos e familiares sem ingerir qualquer tipo de substância estimulante.

☐ 94. Posso ser feliz, brincar, interagir e me soltar em qualquer ambiente sem ter que tomar alguma bebida alcoólica.

☐ 95. As festas das quais escolho participar são muito divertidas. A alegria depende somente de mim.

☐ 96. Posso comer tudo o que desejar sem extrapolar, pois meu corpo me avisa quando já estou satisfeito.

☐ 97. Coloco no prato a medida certa do que vou comer. O desperdício e a gula não fazem parte da minha vida.

☐ 98. Sou uma pessoa ativa. Estou sempre de bem com meu corpo e procuro praticar atividade física todos os dias.

☐ 99. Adoro exercícios físicos, pois a cada vez que os pratico sinto meu corpo mais vivo, fortalecido, e as coisas à minha volta fluem de maneira mais positiva.

☐ 100. Sou uma pessoa forte e resistente. Sei que posso fazer caminhadas, pedalar e passear mantendo a energia em alta.

☐ 101. Tenho coordenação motora. Sou uma pessoa habilidosa, jeitosa e que tem controle sobre o próprio corpo.

☐ 102. Tenho capacidade de dançar. Posso escolher qualquer ritmo musical que farei uma bela performance.

☐ 103. Sou uma pessoa perfeitamente saudável, capaz de comer tudo o que deseja.

☐ 104. Meu corpo é resistente, pois eu me dedico todos os dias para ser alguém forte.

☐ 105. Gosto da mudança de temperatura e fico bem com ela, pois posso aproveitar para fazer diversas coisas sem esperar pela troca de estação.

☐ 106. Sei que viverei por muitos anos porque na minha família é comum as pessoas viverem por muito tempo.

☐ 107. Minha genética é maravilhosa. Me sinto forte, saudável, consigo realizar todos as coisas que quero e estou sempre bem.

☐ 108. Adoro comer todas as frutas, legumes e verduras, porque elas fazem bem para o meu corpo e fortalecem o meu ser.

☐ 109. Eu sou capaz de mastigar direito todos os alimentos que eu quiser comer. Tenho dentes fortes e resistentes.

☐ 110. Eu mastigo devagar todos os alimentos para fazer uma boa digestão e saboreio cada comida maravilhosa que coloco na boca.

☐ 111. Acho todas as comidas saborosas e gostosas, pois tudo o que eu ingiro foi temperado da melhor forma.

☐ 112. Gosto de dormir, pois sei que existem momentos em que o nosso corpo precisa parar, relaxar e sossegar para recarregar as energias.

☐ 113. Eu consigo dormir perfeitamente bem todas as noites. Meu sono é profundo e reparador.

☐ 114. Pego no sono com rapidez e só tenho sonhos que me fortalecem e renovam minhas energias.

☐ 115. Eu acordo bem, disposto e feliz todos os dias. Sou uma pessoa que tem muita energia.

☐ 116. Eu adoro dormir no escuro, em silêncio, pois dessa forma adormeço tranquilamente e sinto que meu corpo realmente descansa.

☐ 117. Sou uma pessoa que dorme com facilidade. Isso me ajuda, pois estou sempre bem disposto quando o dia inicia.

☐ 118. Busco equilibrar minha alimentação consumindo as coisas de que gosto e que me fazem bem.

☐ 119. Vivo de maneira confortável, pois meu intestino faz toda a sua função corretamente, absorvendo os nutrientes que fazem bem ao meu corpo e eliminando as toxinas.

☐ 120. Mantenho meus pensamentos sempre positivos e alegres, pois sei que eles influenciam a minha saúde física e emocional.

☐ 121. Respeito minha saúde, por isso ingiro apenas alimentos que sei que me deixarão mais forte e ajudarão o meu corpo.

☐ 122. Escolho viver uma vida saudável todos os dias, porque sei que isso impacta na saúde do meu corpo e mente.

☐ **123.** Mantenho-me perto de toda energia positiva, pois sei que isso colabora para que eu tenha uma vida plena e feliz.

☐ **124.** Respeito a minha vida e a minha existência, por isso busco fazer coisas que colaboram para o meu bem-estar.

☐ **125.** Tenho uma boa saúde mental porque estou sempre rodeada de pessoas que me transmitem amor e carinho todos os dias.

☐ **126.** Tenho carinho pelo meu corpo, meus órgãos internos e pelas funções que eles executam perfeitamente, por isso sempre retribuo fazendo coisas que me fazem bem.

☐ **127.** Com foco e dedicação a cada dia que passa, me aproximo do peso que desejo atingir, sempre fazendo as coisas de forma saudável e responsável.

☐ **128.** Sou feliz por estar vivo, por respirar esse ar que preenche meus pulmões e que me permite fazer aquilo que quero.

☐ **129.** Eu amo minhas pernas, pois elas me permitem ir para onde eu quiser e aproveitar tudo o que desejo.

☐ **130.** Escolho curar qualquer raiva ou energia negativa no meu coração que me impeçam de viver em paz.

☐ **131.** A reclamação é algo distante de mim, pois sei que isso só faz mal para a minha saúde física e emocional, e atrai coisas negativas.

☐ 132. A gratidão faz com que a minha saúde esteja cada vez melhor, por isso ela é uma prática diária em minha vida.

☐ 133. Eu escolho bloquear qualquer estresse, energia ou pessoa negativa que tentar contaminar minha mente.

☐ 134. Tenho o controle dos meus desejos, por isso escolho praticar exercícios físicos, comer alimentos saudáveis e eliminar tudo o que me faz mal.

☐ 135. Eu escolho mudar em minha mente qualquer crença negativa ou superstição que já me falaram sobre algum alimento.

☐ 136. Sou uma pessoa alegre e positiva e contribuo para que as pessoas à minha volta estejam envolvidas com essa mesma energia.

☐ 137. Eu escolho assistir apenas a reportagens positivas, escutar músicas alegres e ler coisas que fazem bem ao meu ser, pois sei que isso contribui para a minha saúde mental.

☐ 138. Sei que Deus está sempre comigo, por isso nada de negativo me afeta ou contamina a minha mente.

☐ 139. Eu escolho focar apenas nas minhas qualidades e em tudo de bom que eu tenho, porque sei que dessa forma estarei em paz.

☐ 140. Gosto de dedicar parte do meu tempo para ajudar outras pessoas, pois sei que ao fazer isso também estou fazendo bem para mim.

☐ 141. Eu escolho focar nos pequenos acontecimentos positivos do meu dia, porque isso me traz alegria e bem-estar.

☐ 142. Mantenho minha visão de mundo sempre positiva e esperançosa, para que eu tenha uma vida próspera e feliz.

☐ 143. Energizo o meu corpo para ir em busca dos meus sonhos e concretizá-los.

☐ 144. Sou feliz por ter uma visão boa que me permite enxergar todas as coisas lindas que existem no mundo e ler tudo o que desejo.

☐ 145. Adoro fazer caminhadas em meio à natureza, pois isso me traz uma sensação de bem-estar e renova todas as minhas energias.

☐ 146. Na minha mente só tem espaço para palavras e pensamentos de amor, respeito, carinho e admiração.

☐ 147. Eu perdoo qualquer coisa negativa que meus pais me disseram na infância e que me afetaram na vida adulta.

☐ **148.** Eu me perdoo por ter aceitado menos do que eu merecia em relações passadas e me abro para um novo amor.

☐ **149.** Eu me perdoo por ter desistido em algum momento da minha vida, mas fico feliz porque minhas decisões me trouxeram para onde estou hoje.

☐ **150.** Eu me liberto de qualquer pensamento negativo que já tive sobre mim e escolho amar a pessoa que sou.

☐ **151.** Eu escolho perdoar as pessoas que já me magoaram algum dia para que eu me liberte da dor e de qualquer energia negativa.

☐ **152.** Eu bloqueio qualquer energia negativa que tentar me colocar para baixo e me perdoo por já ter deixado isso acontecer antes.

☐ **153.** Eu escolho ser gentil com todas as pessoas, independentemente do sentimento que elas têm por mim, pois sei que o universo me recompensará com coisas boas.

☐ **154.** Todas as pessoas estão sujeitas a errarem, assim como eu, por isso sou sempre compreensivo com aqueles que me cercam.

☐ **155.** Pratico a empatia todos os dias e procuro ser um ombro amigo para ajudar aqueles que precisam.

☐ 156. Eu me liberto de qualquer ofensa ou coisa negativa que já falaram para mim e que me impediu de alcançar meus objetivos.

☐ 157. A partir de hoje, vou lidar com cada uma das minhas emoções de maneira saudável, sem me tornar refém de nenhuma delas.

☐ 158. Prometo liberar qualquer mágoa do meu coração, pois sou uma pessoa do bem e mudar minha essência seria autodestrutivo.

☐ 159. Eu elimino qualquer pensamento negativo que me deixou doente e permito que o universo me traga a cura que mereço.

☐ 160. Eu permito e aceito que o universo me cure de qualquer mal que já tenha me afetado algum dia.

☐ 161. Eu perdoo as pessoas que me colocaram para baixo e que me ofenderam nos tempos de colégio.

☐ 162. Eu perdoo qualquer pessoa com quem eu já tenha discutido e compreendo que cada um tem a sua maneira de agir e pensar.

☐ 163. Eu me perdoo por ter ofendido e desrespeitado meus pais em algum momento e sei que tudo o que eles fizeram para mim foi pensando no melhor.

☐ **164.** Hoje, no meu coração e na minha mente só existe espaço para o amor, o perdão e a compreensão.

☐ **165.** Eu me perdoo e elimino qualquer pensamento negativo que já tive em relação aos meus pais.

☐ **166.** Sou responsável pelas coisas que afetam o meu ser, por isso me perdoo por qualquer coisa que eu já tenha feito de mal para mim mesmo.

☐ **167.** Eu escolho fazer da minha mente apenas morada de bons pensamentos e elimino tudo o que há de ruim.

☐ **168.** A vida dá mais do mesmo. Por isso, opto apenas por ter lembranças agradáveis, para que o universo me dê mais disso.

☐ **169.** Eu escolho praticar o perdão todos os dias, porque ele é uma ferramenta poderosa e que me liberta de tudo o que é destrutivo.

☐ **170.** O rancor é algo que só me faz mal, por isso escolho eliminar esse sentimento que estiver dentro de mim.

☐ **171.** O perdão é meu exercício diário e nada afetará esse comprometimento que firmei comigo mesmo.

☐ **172.** Eu escolho perdoar meus familiares por qualquer coisa que eles tenham feito em minha vida e que tenha afetado minha mente.

☐ 173. Eu me perdoo por ter perdido a paciência em alguns momentos e ter ofendido as pessoas que amo.

☐ 174. Quem guarda rancor revive as situações ruins diariamente, por isso eu escolho viver em paz e apenas o momento presente.

☐ 175. Eu elimino os sentimentos ruins que alimentei durante muito tempo em minha mente.

☐ 176. Eu me permito viver apenas o momento presente e aceito todas as coisas boas que o universo tem para me oferecer.

☐ 177. Eu elimino qualquer mágoa que estiver sufocando o meu coração e que esteja me impedindo de viver em paz.

☐ 178. Eu escolho perdoar qualquer pessoa que já tenha me magoado, desejo que ela seja feliz e que tudo na vida dela dê certo.

☐ 179. Mantenho minhas vibrações positivas e na frequência certa para que o amor faça parte de mim e para que eu seja capaz de perdoar as pessoas.

☐ 180. Eu abro espaço para que as coisas boas aconteçam em minha vida e elimino qualquer barreira que me impeça de atraí-las.

☐ 181. Sou feliz pelas adversidades que já aconteceram em minha vida e que contribuíram para que eu me tornasse um ser humano melhor.

☐ 182. Eu me perdoo por ter pensado mal de mim mesmo em alguns momentos e escolho me amar e me aceitar do jeito que sou.

☐ 183. Eu elimino qualquer carga negativa que já colocaram em cima de mim e perdoo as pessoas que fizeram isso.

☐ 184. Eu escolho mudar a frequência dos meus pensamentos para atrair somente coisas boas para minha vida, pois dessa forma conseguirei passar por situações difíceis de forma mais leve.

☐ 185. Eu elimino qualquer pessimismo que já tenha passado por minha mente em alguma circunstância por conta do passado.

☐ 186. Sou capaz de perdoar e, com isso, aprendo a relembrar a situação difícil que enfrentei sem que sentimentos ruins venham à tona.

☐ 187. Aceito perdoar, assim como também quero que meus erros sejam compreendidos, por isso exercito a empatia diante das situações.

☐ 188. Eu escolho cultivar o perdão, porque através dele posso ter uma vida mais leve e harmônica.

☐ 189. Eu me livro de qualquer fantasia de vingança que já tive sobre alguém que cometeu algum mal contra mim.

☐ 190. Eu escolho parar de sofrer. Me liberto de qualquer sentimento ruim ou coisa negativa que tenha me afetado profundamente.

☐ 191. Eu elimino as experiências traumáticas que vivi na minha infância e quebro o ciclo de ódio que essas mágoas me causaram.

☐ 192. Sou feliz porque eliminei o rancor da minha vida e agora posso ficar calmo, dormir sossegado e espalhar amor.

☐ 193. Eu perdoo os chefes que me insultaram e que me cobraram coisas que fugiam das minhas funções.

☐ 194. Eu escolho praticar o perdão, porque quando perdoamos alguém estamos mais perto de sermos a melhor versão de nós mesmos.

☐ 195. Eu removo as ideias ruins que colocaram sobre o meu futuro em minha cabeça, pois sei que a partir disso conseguirei conquistar meus objetivos.

☐ 196. Eu perdoo as pessoas que diminuíram minha autoestima na infância e acredito que tenho capacidade para realizar tudo o que desejar.

☐ 197. Escolho me perdoar pelos erros que já cometi e me liberto dessas lembranças que me impediram de viver em paz.

☐ 198. Eu me perdoo pelos meus fracassos e me comprometo a dar o meu máximo em tudo o que eu fizer daqui para frente.

☐ 199. Eu perdoo todos os professores que eu tive, que me colocaram para baixo e me fizeram duvidar da minha capacidade.

☐ 200. Eu perdoo as pessoas que passaram por minha vida e me desapontaram de alguma forma.

☐ 201. Eu perdoo as pessoas com quem tive um relacionamento amoroso e me liberto dos traumas que elas me causaram para que meus relacionamentos futuros estejam livres de qualquer mágoa.

☐ 202. Eu perdoo minha família por me decepcionarem muitas vezes. Hoje tenho a convicção de que eles fizeram o melhor que podiam.

☐ 203. Eu me perdoo por sentir medo em algumas situações e estou empenhado em enfrentar todas as minhas batalhas.

☐ 204. Eu escolho perdoar minha sogra, meu sogro

ou outros familiares de convívio próximo que me geraram algum desgaste emocional.

☐ 205. Eu retiro agora da minha mente todos os pensamentos negativos do meu passado que me impedem de ter uma boa noite de sono.

☐ 206. Eu perdoo os membros da minha família que fizeram coisas que me entristeceram.

☐ 207. Eu perdoo os meus vizinhos, por muitas vezes me fazerem perder a cabeça, tirarem a minha paz e o meu sossego.

☐ 208. Eu perdoo os meus pais, caso tenham me dado pouca atenção na infância, pois sei que ofereceram o seu melhor.

☐ 209. Eu perdoo os meus primos por todas as brigas bobas que tivemos na infância e me liberto das lembranças ruins que tenho desses momentos.

☐ 210. Eu perdoo os meus filhos por agirem de forma mal-educada e mal-agradecida em algumas situações.

☐ 211. Eu perdoo todas as pessoas que me abandonaram no momento que eu mais precisava de ajuda e atenção.

☐ 212. Eu escolho perdoar qualquer pessoa que tenha traído a minha confiança e me decepcionado.

☐ 213. Eu perdoo as pessoas que me colocaram para trás em algum momento ou que me desapontaram.

☐ 214. Eu perdoo as pessoas que já falaram mal de mim pelas costas e me fizeram sentir inadequado ou inferior.

☐ 215. Eu perdoo a falta de prosperidade em minha vida e abro as portas para que o universo me torne uma pessoa afortunada.

☐ 216. Eu perdoo as pessoas que trabalham atendendo nos comércios e que muitas vezes fizeram seus serviços com mau humor.

☐ 217. Eu me perdoo por ter me envolvido com pessoas erradas que fizeram mal para mim e que me arrastaram para baixo.

☐ 218. Eu escolho perdoar qualquer tipo de violência física ou emocional que eu tenha sofrido em minha vida e me liberto dessa carga negativa.

☐ 219. Eu escolho me perdoar por muitas vezes ter carregado fardos que não eram meus, causando um estresse desnecessário em mim.

☐ 220. Todos os dias escolho ser a melhor versão de mim mesmo, pois sei que dessa forma meus relacionamentos serão mais bem-sucedidos.

☐ **221.** Sou uma ótima pessoa e com um bom coração, por isso aceito apenas coisas que enaltecem o ser humano que sou.

☐ **222.** Eu escolho acordar todos os dias feliz e alegre, pois sei que minha energia contagia quem está em volta e contribui para as minhas relações.

☐ **223.** Eu amo as pessoas maravilhosas que tenho em minha vida e me sinto sortudo por fazer parte da vida delas também.

☐ **224.** Eu acredito que no tempo certo a pessoa certa aparecerá em minha vida e será melhor do que imaginei.

☐ **225.** Sei que mereço ser amado e valorizado, por isso em minhas relações eu recuso receber menos do que isso.

☐ **226.** Sempre mantenho os pensamentos positivos em relação a mim porque sei que a maneira como eu me vejo afeta os meus relacionamentos.

☐ **227.** Em minha vida eu escolho que permaneçam apenas pessoas sinceras, amorosas, positivas e que me fazem bem.

☐ **228.** Eu me amo do jeito que sou e isso transparece, fazendo com que as outras pessoas me vejam da mesma forma como eu me enxergo.

☐ 229. Estou aberto para receber todo amor, cuidado, carinho e atenção que queiram me dar. Eu deixo o amor entrar.

☐ 230. Sou uma pessoa afetiva, que se importa e cuida dos outros, por isso eles gostam de estar perto de mim e têm atitudes recíprocas.

☐ 231. Estou disposto a regar o amor que sinto pelo meu parceiro e surpreendê-lo todos os dias com minhas atitudes.

☐ 232. O amor precisa ser renovado todos os dias, por isso me esforço para deixar as pessoas com as quais me relaciono felizes e realizadas.

☐ 233. Eu sempre serei dedicado, amoroso e leal, porque ajo da mesma forma como gostaria de ser tratado.

☐ 234. Mantenho em minha vida apenas as relações recíprocas de amor, atenção e dedicação, pois eu mereço isso.

☐ 235. Aceito todo o amor que o universo tem para me oferecer e escolho eliminar qualquer barreira de acesso que tentar impedi-lo.

☐ 236. Sou uma pessoa compreensiva, por isso aceito as diferentes formas de amar de cada pessoa que me cerca.

☐ 237. Nos meus relacionamentos só existe espaço para o amor, a sinceridade, o cuidado, a dedicação, a lealdade e o comprometimento.

☐ 238. Para uma relação ser saudável, é necessário que a reciprocidade esteja presente, por isso eu e meu parceiro estamos atentos a isso.

☐ 239. Eu tenho uma ótima capacidade de escutar as pessoas e falar as coisas certas, por isso em meus relacionamentos não há espaço para o desrespeito.

☐ 240. Cada gesto meu é regado de amor, carinho e cuidado, fazendo com que as pessoas me amem ainda mais.

☐ 241. Procuro me comunicar da melhor forma possível, com tudo bem esclarecido, o que me permite viver em paz.

☐ 242. Através do amor eu realizo as melhores coisas, por isso permaneço nessa vibração positiva, emanando vibrações boas.

☐ 243. Eu bloqueio qualquer pessoa que tentar impedir a minha felicidade e estragar meus relacionamentos.

☐ 244. As bases do meu relacionamento são a confiança, o amor e o respeito, por isso estamos sempre em paz um com o outro.

☐ **245.** Eu bloqueio qualquer tipo de pensamento negativo de relações passadas que deram errado e aceito um novo amor.

☐ **246.** Minha escolha diária é o amor, por isso me dedico para demonstrar às pessoas que amo o quanto elas são significativas em minha vida.

☐ **247.** Todos os dias eu abraço meus pais e falo o quanto eu os amo, para que se lembrem que são importantes para mim.

☐ **248.** Eu converso todos os dias com meu cônjuge, para que ele saiba que pode desabafar comigo e que tem alguém com quem contar.

☐ **249.** Na vida o mais importante é vibrar na energia do amor, por isso cuido dos meus pensamentos e atitudes, para que as pessoas à minha volta estejam na mesma frequência que eu.

☐ **250.** Eu coloco amor em cada gesto, pois sei que o universo me recompensará com muito mais bençãos.

☐ **251.** Eu mereço todo amor e carinho que as pessoas me oferecem, pois me dedico para dar o mesmo a elas.

☐ **252.** Em todos os ambientes sou estimado, pois ajudo quem precisa, emitindo apenas boas vibrações.

☐ 253. Meu parceiro me enche de amor e atenção, sou muito feliz em nosso relacionamento e estou satisfeito com o que temos.

☐ 254. Para que eu ame alguém é necessário que eu sinta amor pela pessoa que sou, por isso todos os dias faço coisas que elevam meu amor-próprio.

☐ 255. Tenho empatia em todos os meus relacionamentos, por isso sempre estamos bem uns com os outros em qualquer situação.

☐ 256. Amar alguém é uma escolha que fazemos todos os dias, por isso o amor que sinto pelo meu parceiro se renova a cada dia.

☐ 257. Eu prometo procurar fazer coisas que renovem a relação com o meu parceiro e que fortaleçam ainda mais o nosso amor.

☐ 258. A amizade é fundamental em qualquer relação, por isso eu procuro ser todos os dias um bom amigo daqueles que fazem parte da minha vida.

☐ 259. A cumplicidade, a parceria e o respeito ajudam a construir o relacionamento de qualquer casal, por isso mantenho minhas relações com base nisso.

☐ 260. Todos os dias eu escolho surpreender meu parceiro, seja com atitudes, com presentes, com flores ou um bilhete.

☐ 261. Eu escolho eliminar qualquer tipo de vergonha que me impeça de mostrar o quanto as pessoas são importantes para mim.

☐ 262. Eu me comprometo a investir nos meus sentimentos e das pessoas que me cercam, fazendo passeios legais juntos e aproveitando a companhia um do outro.

☐ 263. Eu busco ter em mim as qualidades que desejo na pessoa amada, pois, se quero atrair alguém do bem para minha vida, tenho que ser do bem também.

☐ 264. Sei que em um relacionamento às vezes é necessário ceder, por isso eu escolho agradar meu parceiro fazendo concessões em prol da felicidade dele.

☐ 265. Eu escolho ficar feliz pelas conquistas de meu parceiro e vibrar com ele em cada momento de vitória.

☐ 266. Eu me comprometo a sempre estar ao lado de meu parceiro, incentivando e apoiando em tudo o que ele precisar.

☐ 267. Eu escolho eliminar qualquer pensamento ou palavra negativa que possam magoar meu parceiro e colocá-lo para baixo.

☐ 268. A falta de respeito ao próximo é um grande causador de conflitos, por isso eu respeito as pessoas que me cercam, da mesma forma como desejo ser respeitado.

☐ 269. Eu opto por considerar qualquer preocupação do meu parceiro e dar valor às coisas que são importantes para ele.

☐ 270. Eu me comprometo a escutar meu parceiro quando ele falar comigo e prestar atenção nas coisas que ele me disser.

☐ 271. Eu escolho me colocar no lugar do outro antes de opinar sobre algum assunto, para que o respeito permaneça.

☐ 272. Sempre olho nos olhos do meu parceiro, reconheço o seu valor, o abraço e digo o quanto eu o amo.

☐ 273. Todos os dias eu dedico parte do meu tempo para saber como foi o dia do meu parceiro e dar a atenção que ele merece.

☐ 274. Dou importância para os acontecimentos da vida do meu filho. Vibro com suas conquistas e o elogio pelas vitórias alcançadas.

☐ 275. Quando meu filho está triste ou confuso, eu paro o que estou fazendo, sento-me ao seu lado e procuro ajudá-lo no que for necessário.

☐ 276. Todos os dias eu mostro para os meus filhos que eles têm autonomia para resolver muitos problemas, mas que podem contar com a minha ajuda.

☐ 277. Cada um tem a sua vida, por isso eu mantenho as responsabilidades dos meus filhos com eles, para que possam se autodesenvolver.

☐ 278. Eu escolho incentivar meus filhos todos os dias para que continuem lutando por seus sonhos.

☐ 279. Sinto-me vitorioso por ter gerado filhos tão maravilhosos que só me trazem alegria e motivos para sorrir.

☐ 280. Sou uma pessoa de sorte, pois tenho um parceiro maravilhoso, com uma relação ótima e filhos que me dão amor todos os dias.

☐ 281. Quando algo me incomoda eu falo com o meu parceiro, para manter as coisas em ordem e esclarecidas.

☐ 282. A discussão é algo distante em minhas relações. Se eu preciso dizer algo a alguém, o faço de maneira sutil e respeitosa.

☐ 283. Eu me comprometo a falar as coisas que me incomodam em minhas relações logo que elas acontecerem, para que nada acumule ou se agrave.

☐ 284. Eu sou um bom exemplo para os meus filhos, pois sei que a forma como eu ajo servirá de referência para eles.

☐ 285. Trago alegria e positividade para meus círculos de relacionamento.

☐ 286. Sou uma pessoa amorosa e que pratica o bem todos os dias, pois sei que meus filhos me admiram e buscam agir de forma semelhante em suas vidas.

☐ 287. Eu busco ser coerente com as coisas que falo e com a forma como ajo, pois isso faz diferença na vida de meus filhos.

☐ 288. Eu escolho perdoar meu parceiro por qualquer discussão boba que tenhamos.

☐ 289. Vibro na mais alta frequência do amor, pois dessa forma as pessoas à minha volta são contagiadas por essa energia e o ambiente fica mais agradável para todos.

☐ 290. Eu me comprometo a elogiar alguém que faz parte da minha vida todos os dias, seja meu parceiro, meus filhos, meus pais ou amigos.

☐ 291. Eu elimino qualquer diálogo interno negativo que possa gerar conflitos com as pessoas que amo.

☐ 292. Eu exalto as qualidades das pessoas que amo, pois sei que isso fará bem a elas, permitindo que a energia à nossa volta flua cada vez melhor.

☐ 293. O dinheiro é meu amigo e me faz bem. Com ele sou feliz e posso realizar todos os meus objetivos.

☐ 294. Eu e todos à minha volta somos bem-sucedidos, pois abraçamos todas as oportunidades que o universo nos proporciona.

☐ 295. O dinheiro é abundante em minha vida. Qualquer ideia de negócio que eu tenho é sucesso garantido.

☐ 296. Tenho dinheiro para minhas finanças e consigo reservar para o meu lazer, porque sou capaz de administrar meus ganhos financeiros.

☐ 297. Sou grato pelo meu trabalho e por tudo o que ele me proporciona, pois é por meio dele que conquisto meus objetivos.

☐ 298. Agradeço porque a prosperidade me permite fazer tudo o que desejo. Posso viajar, conhecer diversos lugares, fazer as melhores refeições e ajudar quem precisa.

☐ 299. Cada segundo do meu dia é próspero, porque permaneço na vibração certa e com os melhores pensamentos.

☐ 300. Tudo o que eu faço torna minha vida próspera. Minhas atitudes e meus pensamentos atraem a riqueza.

☐ 301. A prosperidade está presente em minha vida, porque o universo me recompensa por todo o meu esforço.

☐ 302. O dinheiro é meu aliado e sempre estará presente em minha vida. Com ele posso realizar todos os meus sonhos.

☐ 303. Estou destinado a uma vida repleta de sucesso, pois acredito no potencial que tenho.

☐ 304. O dinheiro me traz novas possibilidades. Com ele posso investir nos meus estudos e atrair mais sucesso para a minha vida.

☐ 305. Tudo o que eu faço e toco prospera, pois estou disposto a aprender e enxergar as oportunidades.

☐ 306. O dinheiro trabalha para mim. Tenho amor e dedicação pelo que faço e sou recompensado por isso.

☐ 307. Todo o dinheiro que tenho foi adquirido de forma honesta através do meu ótimo desempenho no trabalho.

☐ 308. Deus se importa comigo e traz prosperidade para a minha vida, pois eu sou grato por tudo o que recebo.

☐ 309. Sou rico financeiramente e espiritualmente, porque cultivo apenas bons pensamentos que me direcionam para um caminho vitorioso.

☐ 310. Meus pensamentos são cheios de prosperidade, sucesso e fortuna, e fazem com que o dinheiro se multiplique em minhas mãos.

☐ 311. Tenho uma ótima e confortável casa que conquistei com meu trabalho e com o dinheiro que tenho.

☐ 312. Sou feliz porque proporciono uma vida de qualidade para minha família e eles me envolvem com uma energia de amor que faz com que eu me dedique cada vez mais para ajudá-los.

☐ 313. Sou grato porque sou um ímã da prosperidade e só atraio coisas maravilhosas para a minha vida.

☐ 314. Qualquer coisa que eu me proponha a fazer, em qualquer trabalho que eu estiver, serei bem remunerado e reconhecido.

☐ 315. Eu aceito todas as bênçãos que o universo tem para me oferecer porque eu mereço ter dinheiro e prosperidade em minha vida.

☐ 316. Eu realizo todos os meus sonhos e objetivos, pois tudo o que eu faço é executado com amor e dedicação.

☐ 317. O dinheiro se multiplica em minhas mãos, porque sei administrá-lo e investi-lo da forma correta.

☐ 318. Eu tenho tudo o que preciso e o universo me manda cada vez mais, porque eu sou merecedor de todo o dinheiro que ele me envia.

☐ 319. Eu consigo materializar tudo o que desejo e ainda ajudo minha família e meus amigos a conquistarem seus objetivos.

☐ **320.** Eu tenho mais do que o suficiente. O saldo na minha conta bancária cresce cada vez mais.

☐ **321.** Sou afortunado, o dinheiro faz parte do meu cotidiano e abraço todas as oportunidades que surgem em meu caminho.

☐ **322.** Mais é melhor. Por isso alimento pensamentos positivos em relação ao dinheiro, e ele me proporciona as melhores oportunidades.

☐ **323.** Todo o dinheiro que recebo é adquirido de maneira justa e honesta. Sou grato ao universo por ter me colocado no caminho certo.

☐ **324.** Cada centavo que entra em minha vida se multiplica, pois minha vibração está em harmonia com os meus pensamentos.

☐ **325.** Meus pais ficam felizes por minhas conquistas e por tudo aquilo que eu adquiro com meu dinheiro.

☐ **326.** O dinheiro me faz bem e me traz coisas boas. Com ele posso ir além e ter uma vida cada vez mais vitoriosa.

☐ **327.** Eu tenho dinheiro e tempo livre para usufruí-lo da forma que desejar. Cada momento do meu dia é muito bem aproveitado.

☐ 328. Eu sei lidar com o dinheiro e mantenho todas as minhas contas pagas em dia.

☐ 329. A prosperidade é tão grande em minha vida que me sobra para ajudar os necessitados.

☐ 330. Eu mereço ter uma vida abundante e próspera, pois todos os dias busco aprender coisas novas.

☐ 331. Eu sei fazer dinheiro. Qualquer área da vida que eu escolher trabalhar será bem executada.

☐ 332. Quando penso em dinheiro, fico feliz, imaginando todas as coisas que posso conquistar por intermédio dele.

☐ 333. Eu atraio dinheiro fazendo as coisas que amo. Agradeço por ter felicidade e prazer com o que faço para ganhar a vida e ainda ser recompensado por isso.

☐ 334. Tenho amigos verdadeiros que ficam felizes por minhas conquistas e pelo dinheiro que tenho.

☐ 335. Eu e todos à minha volta somos pessoas prósperas e felizes, e o universo nos recompensa com mais e mais.

☐ 336. As pessoas à minha volta ficam felizes por minhas conquistas e me ajudam a triunfar na vida.

☐ 337. Eu tenho dinheiro suficiente não só para as coisas que preciso, mas também para as coisas que desejo.

☐ 338. Meu nome no comércio é muito bom. Tenho crédito em todos os lugares e sou uma referência quando se trata de contas em dia.

☐ 339. Meu sucesso depende somente de mim, por isso me dedico em tudo o que faço e sempre busco aprender em qualquer circunstância.

☐ 340. Quando empresto meu dinheiro para meus amigos ou familiares eles sempre me devolvem antes do combinado ou na data marcada.

☐ 341. Eu cuido tão bem do meu dinheiro que o universo reconhece minhas atitudes e me recompensa com mais.

☐ 342. Sou inteligente e confio no trabalho que exerço, por isso sou sempre bem pago pelos serviços prestados.

☐ 343. O sucesso atrai mais sucesso. Por isso estou sempre cercado de pessoas bem-sucedidas e que ficam felizes com as minhas conquistas.

☐ 344. O mundo é um lugar próspero, e é por isso que o dinheiro entra com facilidade em minha vida e eu consigo tudo o que quero.

☐ 345. Eu perdoo minha família por qualquer frase negativa que já me disseram sobre o dinheiro e aceito a prosperidade que o universo tem para me dar.

☐ 346. A vida dá mais do mesmo. Por isso sempre mantenho minha vibração na melhor frequência, para que a prosperidade faça parte da minha vida.

☐ 347. Eu uso meu dinheiro com sabedoria. Pago minhas contas em dia, faço meus investimentos e ainda me sobra para passear.

☐ 348. Escolho ter uma vida de sucesso. O universo sabe disso e me rodeia de oportunidades e prosperidade.

☐ 349. Sou uma pessoa grata e consigo controlar meus impulsos, por isso tenho maiores ganhos financeiros.

☐ 350. Eu digo e penso frases prósperas e minha mente entende que é o que eu desejo e trabalha para tornar meus sonhos realidade.

☐ 351. Eu valorizo aquilo que tenho: minha casa, meu carro, meu celular, os alimentos e por isso derrubo qualquer barreira para que a prosperidade entre em minha vida.

☐ 352. Sou uma pessoa grata e desapego de toda a escassez, por isso a prosperidade está presente em todas as áreas da minha vida.

☐ 353. Eu escolho conviver com pessoas que tenham o pensamento positivo, uma mente milionária e que tenham o mesmo propósito que eu.

☐ 354. Eu faço o que eu amo diariamente, e por isso estou destinado a ter uma vida próspera e milionária.

☐ 355. Eu elimino qualquer barreira de acesso em minha vida que impeça a prosperidade de entrar.

☐ 356. Eu persevero em qualquer circunstância. Os obstáculos me movem para frente e me fazem querer ser cada vez mais próspero.

☐ 357. Meus mentores são pessoas de sucesso e me conduzem para uma vida repleta de prosperidade e abundância.

☐ 358. Eu sou um ímã que atrai dinheiro.

☐ 359. Eu escolho ser feliz e ter dinheiro porque minha mentalidade é de abundância, e não de escassez.

☐ 360. Deus age através de mim para fazer a roda da fortuna girar e espalhar prosperidade no mundo.

☐ 361. Separo uma parte da prosperidade que chega até mim para doar às causas que o universo coloca em meu caminho.

☐ 362. Estou preparado para toda a fortuna que a vida tem para mim.

☐ 363. Eu me sinto merecedor de todas as dádivas que o universo preparou para mim.

☐ 364. Tudo o que eu toco vira ouro.

☐ 365. O dinheiro vem para mim de forma fácil. O esforço é mínimo e o resultado é máximo.

BIBLIOGRAFIA CONSULTADA

ADAMS, C. *Terapia da Gratidão*. São Paulo: Paulus, 2002.

BYRNE, R. *A Magia*. Rio de Janeiro: Sextante, 2015.

COVEY, S. *Os 7 hábitos das pessoas altamente eficazes*. São Paulo: Best Seller, 2015.

DUHIGG, C. *O poder do hábito*: Por que fazemos o que fazemos na vida e nos negócios. São Paulo: Objetiva, 2012.

FRANCO, D. *Psicologia da Gratidão*. Salvador: Leal, 2011.

FRANKL, V. E. *Em Busca de Sentido*. 2. ed. Petrópolis: Vozes, 1991.

GIMENES, B. CÂNDIDO, P. *O Criador da Realidade*. Nova Petrópolis: Luz da Serra, 2010.

HAY, L. *Eu consigo!* Lisboa: Pergaminho, 2004.

HUNTER, J. *O monge e o executivo:* Uma história sobre a essência da liderança. Rio de Janeiro: Sextante, 2010.

KELLY, M. *Os sete níveis da intimidade*. Rio de Janeiro: Sextante, 2007.

LUZ, M. *A Gratidão Transforma*. São Paulo: DVS, 2016.

_____. *A Gratidão Transforma sua Vida Financeira*. São Paulo: DVS, 2016.

_____. *A Gratidão Transforma sua Saúde*. São Paulo: DVS, 2017.

_____. *Ho'oponopono da Riqueza*. Nova Petrópolis: Luz da Serra, 2020.

_____. *Minuto da Gratidão*. Nova Petrópolis: Luz da Serra, 2019.

PINKER, S. *Como a mente funciona*. São Paulo: Companhia das Letras, 2018.

YVES, A. *Caderno de Exercícios de Gratidão*. Petrópolis: Vozes, 2015.

SOBRE A AUTORA

MARCIA LUZ é psicóloga, pós-graduada em Administração de Recursos Humanos, especializada em Gestal-terapia, mestre em Engenharia de Produção e doutora em Filosofia da Administração, defendendo a tese da gratidão.

É palestrante e coach executiva e pessoal, formada pelo *Integrated Coaching Institute* (ICI), com curso certificado pelo *International Coaching Federation* (ICF).

Sócia-presidente da Plenitude Soluções Empresariais Ltda., é idealizadora e organizadora do COMGRATIDÃO — 1º Congresso Mundial da Gratidão on-line, que reuniu 90 mil participantes.

Acompanhe a autora nas redes sociais:

Instagram: @marcialuz.oficial
Facebook: www.facebook.com/marcialuz.fanpage
Youtube: www.youtube.com/user/marcialuztv/
Site: www.marcialuz.com

Quando você muda,
a realidade à sua volta
transforma-se completamente.
Isso acontece porque você se sente
mais livre, mais confiante para
tomar novas e melhores decisões.
Munido com um novo estoque
de pensamentos e sentimentos,
você estará pronto para agir de
maneira muito mais poderosa,
construindo a vida que
deseja e merece.

@MARCIALUZ.OFICIAL

#pensamentoblindado

Transformação pessoal, crescimento contínuo, aprendizado com equilíbrio e consciência elevada. Essas palavras fazem sentido para você? Se você busca a sua evolução espiritual, acesse os nossos sites e redes sociais:

Leia Luz – o canal da Luz da Serra Editora no **YouTube:**

Luz da Serra Editora no **Instagram:**

Luz da Serra Editora no **Facebook:**

Conheça também nosso **Selo MAP – Mentes de Alta Performance:**

No **Instagram:**

No **Facebook:**

Conheça todos os nossos livros acessando nossa **loja virtual:**

Conheça os sites das outras empresas do Grupo Luz da Serra:

luzdaserra.com.br

iniciados.com.br

luzdaserra

Luz da Serra EDITORA

Avenida Quinze de Novembro, 785 – Centro
Nova Petrópolis / RS – CEP 95150-000
Fone: (54) 3281-4399 / (54) 99113-7657
E-mail: loja@luzdaserra.com.br